人物を創る【新装版】

安岡正篤

人間学講話「大学」「小学」

プレジデント社

安岡正篤――人間学講話

人物を創る――「大学」「小学」

宇宙の本体は、絶えざる創造変化活動であり、進行である。その宇宙生命より人間が得たるものを「徳」という。この「徳」の発生する本源が「道」である。「道」とは、これなくして宇宙も人生も存在し得ない、その本質的なものであり、これが人間に発して「徳」となる。

これを結んで「道徳」という。よって「道徳」の中には宗教も狭義の道徳も政治もみな含まれている。しかもその本質は「常に自己を新しくする」ことである。殷《いん》の湯《とう》王の盤銘にいう「苟《まこと》に日に新たに、日日に新たに、又《また》日に新たなり」という言葉は、宇宙万物運行の原則であり、したがって人間世界を律する大原則でもある。人はこの「道徳」の因果関係を探求し、その本質に則《のっと》ることによって自己の徳（能力）を無限大に発揮することができるのである。

日日に新たに、また日に新たに

新井正明

安岡正篤先生は、人間が素養を積むためには、経書を第一に読まなければならないとしています。経書とは、あらゆる人々に普遍的に、老いも若きも、富めるも貧しきも、順境にあるも逆境にあるも、如何なる場合にも、これから離れることのできない、人生に最も原理的な指導力のある書をいうのである、と解説しております。

『大学』も『小学』もこの経書の一つであります。『大学』は人を治める学、政治哲学を説く学問であり、『小学』は日常実践の学問、如何に自己を修めるかという道徳教育の学問ということができます。

安岡先生は、経書を読まんとする者は、まず第一に『小学』から手がけるべきであるとされ、『小学』を学ばなければ『大学』はわからないとさえいっておられます。

今回プレジデント社から先生の「大学」「小学」の講義を一本にまとめて『人

物を創る』と題して出版されることになりましたのは、大変意義深いことであります。

先生の古典の講義は、世間一般の訓詁《くんこ》の学とはほど遠いものがあります。先生は東洋思想の根源的な部分を我々の現実生活と照応させつつ分かりやすく、かつ活き活きと解説されるのが常でありました。

ここに収録した講義がなされたのは、安岡先生が六十代のはじめの頃のことでした。このとき先生は、酒にたとえれば〝まろやかで芳醇〟に熟成した学問を、豊かで情熱的な語り口で講義されました。講義内容といい、お話しぶりといい、聴く者、読む者を魅了する名解説・名言がここにはいっぱい詰まっております。安岡教学に興味をもつ読者であれば、それらを楽しみつつ読み進むうちに、東洋思想、特に儒学の基本概念を把握できるのではないかと思われます。

その根本原理をふまえた上で、殷《いん》の湯《とう》王の盤銘にいう「苟《まこと》に日に新たなり、日日に新たなり、又日に新たなり」の如く、常に自己革新を心がけ、時々刻々変化し進歩し、旧来の陋習《ろうしゅう》を去ってゆくならば、二千年前の古典の精神が現在に生き返り、先生のいわゆる「活学」を身につけることができるでありましょう。

(関西師友協会会長)

目次

大学（訓読）

大学《だいがく》の道《みち》は明徳《めいとく》を明《あき》らかにするに在《あ》り。民《たみ》に親《した》しむに在《あ》り。至善《しぜん》に止《し》するに在《あ》り。

止《し》することを知《し》りて而《しか》る后《のち》定《さだ》まる有《あ》り。定《さだ》まって而《しか》る后《のち》能《よ》く静《しず》かなり。静《しず》かにして而《しか》る后《のち》能《よ》く安《やす》んず。安《やす》んじて而《しか》る后《のち》能《よ》く慮《おもんぱか》る。慮《おもんぱか》りて而《しか》る后《のち》能《よ》く得《う》。

物《もの》に本末《ほんまつ》有《あ》り。事《こと》に終始《しゅうし》有《あ》り。先後《せんこう》する所《ところ》を知《し》れば則《すなわ》ち道《みち》に近《ちか》し。古《いにしえ》の明徳《めいとく》を天下《てんか》に明《あき》らかにせんと欲《ほっ》する者《もの》は、先《ま》づ其《そ》の国《くに》を治《おさ》む。其《そ》の国《くに》を治《おさ》めんと欲《ほっ》する者《もの》は、先《ま》づ其《そ》の家《いえ》を斉《ととの》う。其《そ》の家《いえ》を斉《ととの》えんと欲《ほっ》する者《もの》は、先《ま》づ其《そ》の身《み》を脩《おさ》む。其《そ》の身《み》を脩《おさ》めんと欲《ほっ》する者《もの》は、先《ま》づ其《そ》の心《こころ》を正《ただ》す。其《そ》の心《こころ》を正《ただ》さんと欲《ほっ》する者《もの》は、先《ま》づ其《そ》の意《い》を誠《まこと》にす。其《そ》の意《い》を誠《まこと》にせんと欲《ほっ》する者《もの》は、先《ま》づ其《そ》の知《ち》を致《いた》す。知《ち》を致《いた》すは物《もの》を格《ただ》すに在《あ》り。

物《もの》を格《ただ》して而《しか》る后《のち》知《ち》至《いた》る。知《ち》至《いた》りて而《しか》る后《のち》意《い》誠《まこと》なり。意《い》誠《まこと》にして而《しか》る后《のち》心《こころ》正《ただ》し。心《こころ》正《ただ》しくして而《しか》る后《のち》身《み》脩《おさ》まる。身《み》脩《おさ》まりて而《しか》る后《のち》家《いえ》斉《ととの》う。家《いえ》斉《ととの》うて而《しか》る后《のち》国《くに》治《おさ》まる。国《くに》治《おさ》まりて而《しか》る后《のち》天下《てんか》平《たい》らかなり。天子《てんし》より以《もっ》て庶人《しょじん》に至《いた》るまで、壱《いつ》に是《こ》れ皆《みな》身《み》を脩《おさ》むるを以《もっ》て本《もと》と為《な》す。其《そ》の本《もと》乱《みだ》れて末《すえ》治《おさ》まる者《もの》は否《あら》ず。其《そ》の厚《あつ》き所《ところ》の者《もの》薄《うす》くして、其《そ》の薄《うす》き所《ところ》の者《もの》厚《あつ》きは、未《いま》だ之《こ》れ有《あ》らざるなり。

康誥《こうこう》に曰《いわ》く、克《よ》く徳《とく》を明《あき》らかにすと。太甲《たいこう》に曰《いわ》く、諟《こ》の天《てん》の明命《めいめい》を顧《かえり》みると。帝典《ていてん》に曰《いわ》く、克《よ》く峻徳《しゅんとく》を明《あき》らかにすと。皆自《みなみずか》らを明《あき》らかにするなり。

湯《とう》の盤銘《ばんめい》に曰《いわ》く、苟《まこと》に日《ひ》に新《あら》たなり。日日《ひび》に新《あら》たなり。又日《またひ》に新《あら》たなりと。康誥《こうこう》に曰《いわ》く、新民《しんみん》を作《おこ》すと。詩《し》に曰《いわ》く、周《しゅう》は旧邦《きゅうほう》と雖《いえど》も、其《そ》の命維《めいこ》れ新《あら》たなりと。是《こ》の故《ゆえ》に君子《くんし》は其《そ》の極《きょく》を用《もち》いざる所《ところ》なし。詩《し》に云《い》う、邦畿千里《ほうきせんり》、惟《こ》れ民《たみ》の止《とど》まる所《ところ》と。詩《し》に云《い》う、緡蛮《めんばん》たる黄鳥《こうちょう》、丘隅《きゅうぐう》に止《とど》まると。子《し》曰《いわ》く、止《とど》まるに於《おい》て、其《そ》の止《とど》まる所《ところ》を知《し》る。人《ひと》を以《もっ》て鳥《とり》に如《し》かざる可《べ》けんやと。

詩《し》に云《い》う、穆穆《ぼくぼく》たる文王《ぶんのう》、於緝熙敬止《ああしゅうきけいし》すと。人君《じんくん》と為《な》っては仁《じん》に止《とど》まり、人臣《じんしん》と為《な》っては敬《けい》に止《とど》まり、人子《じんし》と為《な》っては孝《こう》に止《とど》まり、人父《じんぷ》と為《な》っては慈《じ》に止《とど》まり、国人《こくじん》と交《まじわ》っては信《しん》に止《とど》まる。

詩《し》に云《い》う、彼《か》の淇《き》の澳《いく》を瞻《み》るに、菉竹猗猗《りょくちくいい》たり。斐《ひ》たる君子《くんし》有《あ》り。切《せつ》するが如《ごと》く、磋《さ》するが如《ごと》く、琢《たく》するが如《ごと》く、磨《ま》するが如《ごと》し。瑟《しっ》たり、僩《かん》たり、赫《かく》たり、喧《けん》たり。斐《ひ》たる君子《くんし》有《あ》り。終《つい》に諠《わす》る可《べ》からずと。切《せっ》するが如《ごと》く磋《さ》するが如《ごと》しとは、学《まな》ぶを道《い》うなり。琢《たく》するが如《ごと》く磨《ま》するが如《ごと》しとは、自《みずか》ら脩《おさ》むるなり。瑟《しっ》たり僩《かん》たりとは恂慄《じゅんりつ》なり。赫《かく》たり喧《けん》たりとは威儀《いぎ》なり。斐《ひ》たる君子《くんし》有《あ》り、終《つい》に諠《わす》る可《べ》からずとは、盛徳至《せいとくし》善《ぜん》、民《みん》の忘《わす》るる能《あた》わざるを道《い》うなり。

詩《し》に云《い》う、於戯《ああ》、前王忘《ぜんおうわす》られずと。君子《くんし》は其《そ》の賢《けん》を賢《けん》として、其《そ》の親《しん》に親《した》しむ。小人《しょうじん》は其《そ》の楽《たの》しみを楽《たの》しんで、其《そ》の利《り》を利《り》とす。此《ここ》を以《もっ》て世《よ》を没《お》えて忘《わす》れざるなり。

子《し》曰《いわ》く、訟《うったえ》を聴《き》く、吾《われ》猶《なお》人《ひと》のごときなり。必《かなら》ずや訟《うったえ》を無《な》からしめんかと。情《まこと》なき者《もの》は其《そ》の辞《じ》を尽《つく》すことを得《え》ず。大《おおい》に民《たみ》の志《こころざし》を畏《おそ》る。此《これ》を本《もと》を知《し》ると謂《い》う。

所謂《いわゆる》其《そ》の意《い》を誠《まこと》にすとは、自《みずか》ら欺《あざむ》く毋《な》きなり。悪臭《あくしゅう》を悪《にく》むが如《ごと》く、好色《こうしょく》を好《この》むが如《ごと》し。此《こ》れ之《これ》を自謙《じけん》と謂《い》う。故《ゆえ》に君子《くんし》は必《かなら》ず其《そ》の独《どく》を慎《つつし》むなり。

小人間居《しょうじんかんきょ》して不善《ふぜん》を為《な》す。至《いた》らざる所《ところ》なし。君子《くんし》を見《み》て、而《しか》る后《のち》厭然《えんぜん》として其《そ》の不善《ふぜん》を揜《おお》いて、其《そ》の善《ぜん》を著《あらわ》す。人《ひと》の己《おの》れを視《み》るや、其《そ》の肺《はい》肝《かん》を見《み》るが如《ごと》く、然《しか》り。則《すなわ》ち何《なん》をか益《えき》せん。此《こ》れ中《うち》に誠《まこと》あれば外《そと》に形《あらわ》ると謂《い》う。故《ゆえ》に君子《くんし》は必《かなら》ず其《そ》の独《どく》を慎《つつし》むなり。曾子《そうし》曰《いわ》く、十目《じゆうもく》の視《み》る所《ところ》、十手《じゆうしゆ》の指《ゆびさ》す所《ところ》、其《そ》れ厳《げん》なるかなと。富《とみ》は屋《おく》を潤《うるお》し、徳《とく》は身《み》を潤《うるお》す。心広《こころひろ》く体胖《たいゆた》かなり。故《ゆえ》に君子《くんし》は必《かなら》ず其《そ》の意《い》を誠《まこと》にす。

所謂《いわゆる》身《み》を脩《おさ》むるは、其《そ》の心《こころ》を正《ただ》しくするに在《あ》りとは、身忿懥《こころふんち》する所《ところ》あれば、則《すなわ》ち其《そ》の正《せい》を得《え》ず。恐懼《きようく》する所《ところ》あれば、則《すなわ》ち其《そ》の正《せい》を得ず。好《こう》楽《ぎよう》する所《ところ》あれば、則《すなわ》ち其《そ》の正《せい》を得《え》ず。憂患《ゆうかん》する所《ところ》あれば、則《すなわ》ち其《そ》の正《せい》を得《え》ず。心焉《こころここ》に在《あ》らざれば、視《み》れども見《み》えず、聴《き》けども聞《きこ》えず、食《くら》えども其《そ》の味《あじ》を知《し》らず。此《こ》れ身《み》を脩《おさ》むるは、其《そ》の心《こころ》を正《ただ》しくするに在《あ》りと謂《い》う。

所謂《いわゆる》其《そ》の家《いえ》を斉《ととの》うるは其《そ》の身《み》を脩《おさ》むるに在《あ》りとは、人其《ひとそ》の親愛《しんあい》する所《ところ》に之《お》いて辟《へき》す。其《そ》の賤悪《せんお》する所《ところ》に之《お》いて辟《へき》す。其《そ》の畏敬《いけい》する所《ところ》に之《お》いて辟《へき》す。其《そ》の哀矜《あいきよう》する所《ところ》に之《お》いて辟《へき》す。其《そ》の敖惰《ごうだ》する所《ところ》に之《お》いて辟《へき》す。

故《ゆえ》に好《この》んで其《そ》の悪《あく》を知《し》り、悪《にく》んで其《そ》の美《び》を知《し》る者《もの》は天下《てんか》に鮮《すくな》し。

故《ゆえ》に諺《ことわざ》に之《こ》れ有《あ》り、曰《いわ》く、人《ひと》其《そ》の子《こ》の悪《あく》を知《し》る莫《な》く、其《そ》の苗《なえ》の碩《おおい》なるを知《し》る莫《な》しと。此《こ》れ身《み》脩《おさ》まらずんば、以《もっ》て其《そ》の家《いえ》を斉《ととの》う可《べ》からずと謂《い》うなり。

所謂《いわゆる》国《くに》を治《おさ》むるには、必《かなら》ず先《ま》づ其《そ》の家《いえ》を斉《ととの》うというは、其《そ》の家《いえ》教《おし》う可《べ》からずして、能《よ》く人《ひと》を教《おし》うる者《もの》は之《こ》れ無《な》し。故《ゆえ》に君子《くんし》は家《いえ》を出《い》でずして教《おし》えを国《くに》に成《な》す。孝《こう》は君《きみ》に事《つか》うる所以《ゆえん》なり。弟《てい》は長《ちよう》に事《つか》うる所以《ゆえん》なり。慈《じ》は衆《しゅう》を使《つか》う所以《ゆえん》なり。

康誥《こうこう》に曰《いわ》く、赤子《せきし》を保《たも》つが如《ごと》しと。心誠《こころまこと》に之《こ》れを求《もと》むれば、中《あた》らずと雖《いえど》も遠《とお》からず。未《いま》だ子を養《やしの》うことを学《まな》んで、而《しか》る后《のち》嫁《か》する者有《あ》らざるなり。

一家《いっか》仁《じん》なれば、一国《いっこく》仁《じん》に興《おこ》る。一家《いっか》譲《じょう》なれば、一国《いっこく》譲《じょう》に興《おこ》る。一人《いちにん》貪《たん》戻《れい》なれば、一国《いっこく》乱《らん》を作《な》す。其《そ》の機《き》此《かく》の如《ごと》し。此《こ》れ一言《いちげん》事《こと》を僨《やぶ》り、一人《いちにん》国《くに》を定《さだ》むと謂《い》う。

堯舜《ぎょうしゅん》天下を帥《ひき》いるに仁《じん》を以《もっ》てして、民《たみ》之《こ》れに従《したが》う。桀紂《けっちゅう》天下《てんか》を帥《ひき》いるに暴《ぼう》を以《もっ》てして、民《たみ》之《こ》れに従《したが》う。其《そ》の令《れい》する所《ところ》、其《そ》の好《この》む所《ところ》に反《はん》すれば民従《たみしたが》わず。是《こ》の故《ゆえ》に君子《くんし》は諸《これ》を己《おの》れに有《ゆう》して、而《しか》る后《のち》諸《これ》を人《ひと》に求《もと》む。諸《これ》を己《おの》れに無《な》くして而《しか》る后《のち》諸《これ》を人《ひと》に非《ひ》とす。身《み》に蔵《ぞう》する所恕《ところじょ》ならずして、能《よ》く諸《これ》を人《ひと》に諭《さと》す者《もの》は、未《いま》だ之《こ》れ有《あ》らざるなり。故《ゆえ》に国《くに》を治《おさ》むるは、其《そ》の家を斉《ととの》うるに在《あ》り。

詩《し》に云《い》う、桃《もも》の夭夭《ようよう》、其《そ》の葉《は》蓁蓁《しんしん》、之《こ》の子于《ここ》に帰《とつ》ぐ、其《そ》の家人《かじん》に宜《よろ》しと。其《そ》の家人《かじん》に宜《よろ》しくして而《しか》る后《のち》以《もっ》て国人《こくじん》を教《おし》う可《べ》し。詩《し》に云《い》う、兄《けい》たるに宜《よろ》しく弟《てい》たるに宜《よろ》しと。兄《けい》たるに宜《よろ》しく弟《てい》たるに宜《よろ》しくして、而《しか》る后《のち》以《もっ》て国人《こくじん》に教《おし》う可《べ》し。

詩《し》に云《い》う、其《そ》の儀《ぎ》忒《たが》わず、是《こ》の四国《しこく》を正《ただ》すと。其《そ》の父子《ふし》兄弟《けいてい》と為《な》って法《のっと》るに足《た》りて、而《しか》る后《のち》民《たみ》之《こ》れに法《のっと》るなり。此《こ》れを国《くに》を治《おさ》むるは其《そ》の家《いえ》を斉《ととの》うるに在《あ》りと謂《い》う。

所謂《いわゆる》天下《てんか》を平《たい》らかにするは其《そ》の国を治《おさ》むるに在《あ》りとは、上《かみ》、老《ろう》を老《ろう》として、民孝《たみこう》に興《おこ》る。上《かみ》、長《ちょう》を長《ちょう》として、民弟《たみてい》に興《おこ》る。上《かみ》、孤《こ》を恤《あわれ》んで、民倍《たみそむ》かず、是《ここ》を以《もっ》て君子絜矩《くんしけっく》の道《みち》有《あ》るなり。

上《かみ》に悪《にく》む所《ところ》を以《もっ》て下《しも》を使《つか》うこと毋《なか》れ。下《しも》に悪《にく》む所《ところ》を以《もっ》て上《かみ》に事《つか》うること毋《なか》れ。前《まえ》に悪《にく》む所《ところ》を以《もっ》て後《しりえ》に先《さき》だつこと毋《なか》れ。後《しりえ》に悪《にく》む所《ところ》を以《もっ》て前《まえ》に従《しがご》うこと毋《なか》れ。右《みぎ》に悪《にく》む所《ところ》を以《もっ》て左《ひだり》に交《まじ》わること毋《なか》れ。左《ひだり》に悪《にく》む所《ところ》を以《もっ》て右《みぎ》に交《まじ》わること毋《なか》れ。此《こ》れを之《こ》れ絜矩《けっく》の道《みち》と謂《い》う。

詩《し》に云《い》う、楽只《らくし》の君子《くんし》は民《たみ》の父母《ふぼ》なりと。民《たみ》の好《この》む所之《ところこ》れを好《この》み、民《たみ》の悪《にく》む所之《ところこ》れを悪《にく》む。此《こ》れを之《こ》れ民《たみ》の父母《ふぼ》と謂《い》う。詩《し》に云《い》う、節《せっ》たる彼《か》の南山《なんざん》、維《こ》れ石巌巌《いしがんがん》たり。赫赫《かくかく》たる師尹《しいん》、民具《たみとも》に爾《なんじ》を瞻《み》ると。国《くに》を有《たも》つ者《もの》は以《もっ》て慎《つつし》まざる可《べ》からず。辟《へき》すれば則《すなわ》ち天下《てんか》の僇《りく》と為《な》る。詩《し》に云《い》う、殷《いん》の未《いま》だ師《もろもろ》を喪《うしな》わざる、克《よ》く上帝《じょうてい》に配《はい》し、儀《よろ》しく殷《いん》に監《かんが》みるべし。峻命《しゅんめい》易《やす》からずと。衆《しゅう》を得《う》れば則《すなわ》ち国《くに》を得《え》、衆《しゅう》を失《うしな》えば則《すなわ》ち国《くに》を失《うしな》うを道《い》うなり。

是《こ》の故《ゆえ》に君子《くんし》は先《ま》ず徳《とく》を慎《つつし》む。徳《とく》有《あ》れば此《ここ》に人《ひと》有《あ》り。人《ひと》有《あ》れば此《ここ》に土《つち》有《あ》り。土《つち》有《あ》れば此《ここ》に財《ざい》有《あ》り。財《ざい》有《あ》れば此《ここ》に用《よう》有《あ》り。徳《とく》は本《もと》なり。財《ざい》は末《すえ》なり。本《もと》を外《そと》にして末《すえ》を内《うち》にすれば、民《たみ》を争《あらそ》わしめて奪《うば》うことを施《ほどこ》す。

是《こ》の故《ゆえ》に財聚《ざいあつ》まれば則《すなわ》ち民散《たみさん》じ、財散《ざいさん》ずれば則《すなわ》ち民聚《たみあつ》まる。是《こ》の故《ゆえ》に言悖《げんもと》って出《い》づる者《もの》は亦悖《またもと》って入る。貨悖《かもと》って入《い》る者《もの》は、亦悖《またもと》って出づ。

康誥《こうこう》に曰《いわ》く、惟《こ》れ命常《めいつね》に于《お》いてせずと。善《ぜん》なれば則《すなわ》ち之《これ》を得《え》、不善《ふぜん》なれば則《すなわ》ち之《これ》を失《うしの》うを道《い》うなり。楚書《そしょ》に曰《いわ》く、楚国《そこく》は以《もっ》て宝《たから》と為《な》す無《な》し。惟善以《ただぜんもっ》て宝《たから》と為《な》すと。舅犯曰《きゅうはんいわ》く、亡人《ぼうじん》は以《もっ》て宝《たから》と為《な》す無《な》し。親《しん》に仁《じん》なるを以《もっ》て宝《たから》と為《な》すと。秦誓《しんせい》に曰《いわ》く、若《ここ》に一个《いっこ》の臣有《しんあ》り。断断《だんだん》として他《た》技無《ぎな》し。其《そ》の心休休焉《こころきゅうきゅうえん》として其《そ》れ容《い》るる有《あ》るが如《ごと》し。人《ひと》の技有《ぎあ》る、己《おの》れ之《これ》を有《ゆう》するが若《ごと》し。人《ひと》の彦聖《げんせい》なる、其《そ》の心之《こころこれ》を好《この》む。啻《ただ》に其《そ》の口《くち》より出《い》づるが若《ごと》きのみならず。寔《まこと》に能《よ》く之《これ》を容《い》る。以《もっ》て能《よ》く我《わ》が子孫黎《しそんれい》民《みん》を保《やす》んず。尚《ねが》わくば亦利《またり》あらん哉《かな》。人《ひと》の技《ぎ》ある、媢疾《ぼうしつ》して以《もっ》て之《これ》を悪《にく》む。人《ひと》の彦聖《げんせい》なる、之《これ》に違《たご》うて通《つう》ぜざらしむ。寔《まこと》に容《い》るる能《あた》わず。以《もっ》て我《わ》が子孫黎民《しそんれいみん》を保《やす》んずる能《あた》わず。亦曰《またここ》に殆《あやう》い哉《かな》と。唯仁人《ただじんじん》のみ之《これ》を放流《ほうりゅう》し、諸《これ》を四夷《しい》に迸《しりぞ》け、與《とも》に中国《ちゅうごく》を同《おな》じうせず。此《こ》れを唯仁人《ただじんじん》のみ能《よ》く人《ひと》を愛《あい》し、能《よ》く人《ひと》を悪《にく》むと為《な》すを謂《い》うなり。賢《けん》を見《み》て挙《あ》ぐる能《あた》わず、挙《あ》げて先《さき》だつ能《あた》わざるは命なり。不善《ふぜん》を見《み》て退《しりぞ》くる能《あた》わず、退《しりぞ》けて遠《とお》ざくる能《あた》わざるは過《あやまち》なり。

人《ひと》の悪《にく》む所《ところ》を好《この》み、人《ひと》の好《この》む所《ところ》を悪《にく》む、是《これ》を人《ひと》の性《せい》に拂《もと》ると謂《い》う。菑《わざわい》必《かなら》ず夫《そ》の身《み》に逮《およ》ぶ。是《こ》の故《ゆえ》に君子《くんし》大道《たいどう》あり。必《かなら》ず忠信《ちゅうしん》以《もっ》て之《これ》を得《え》、驕泰《きょうたい》以《もっ》て之《これ》を失《うしな》う。

財《ざい》を生《しょう》ずるに大道《たいどう》有《あ》り。之《これ》を生《しょう》ずる者衆《ものおお》く、之《これ》を食《しょく》する者寡《ものすくな》し。之《これ》を為《つく》る者《もの》疾《と》く、之《これ》を用《もち》うる者舒《ものゆるや》かなれば、則《すなわ》ち財恒《ざいつね》に足《た》る。

仁者《じんしゃ》は財《ざい》を以《もっ》て身《み》を発《はっ》し、不仁者《ふじんしゃ》は身《み》を以《もっ》て財《ざい》を発《はっ》す。未《いま》だ上《かみ》、仁《じん》を好《この》んで下《しも》、義《ぎ》を好《この》まざるは有《あ》らざるなり。未《いま》だ義《ぎ》を好《この》んで其《そ》の事《こと》終《お》えざるは有《あ》らざるなり。未《いま》だ府庫《ふこ》の財《ざい》にして其《そ》の財《ざい》に非《あら》ざるは有《あ》らざるなり。

孟献子《もうけんし》曰《いわ》く、馬乗《ばじょう》を畜《たくわ》うものは雞豚《けいとん》を察《さつ》せず。伐氷《ばつぴょう》の家《いえ》は牛羊《ぎゅうよう》を蓄《たくわ》えず。百乗《ひゃくじょう》の家《いえ》は聚斂《しゅうれん》の臣《しん》を畜《たくわ》えず。其《そ》の聚斂《しゅうれん》の臣《しん》有《あ》らんよりは寧《むし》ろ盗臣《とうしん》有《あ》れと。此《こ》れ国《くに》は利《り》を以《もっ》て利《り》と為《な》さず、義《ぎ》を以《もっ》て利《り》と為《な》すを謂《い》うなり。

国家《こっか》に長《ちょう》として財用《ざいよう》を務《つと》むる者《もの》は、必《かなら》ず小人《しょうじん》に自《よ》る。彼之《かれこれ》を善《よ》くすと為《な》す。小人《しょうじん》をして国家《こっか》を為《おさ》め使《し》むれば菑害《さいがい》並《なら》び至《いた》る。善者《ぜんしゃ》有《あ》りと雖《いえど》も亦之《またこれ》を如何《いかん》ともする無《な》し。此《こ》れ国《くに》は利《り》を以《もっ》て利《り》と為《な》さず、義《ぎ》を以《もっ》て利《り》と為《な》すを謂《い》うなり。

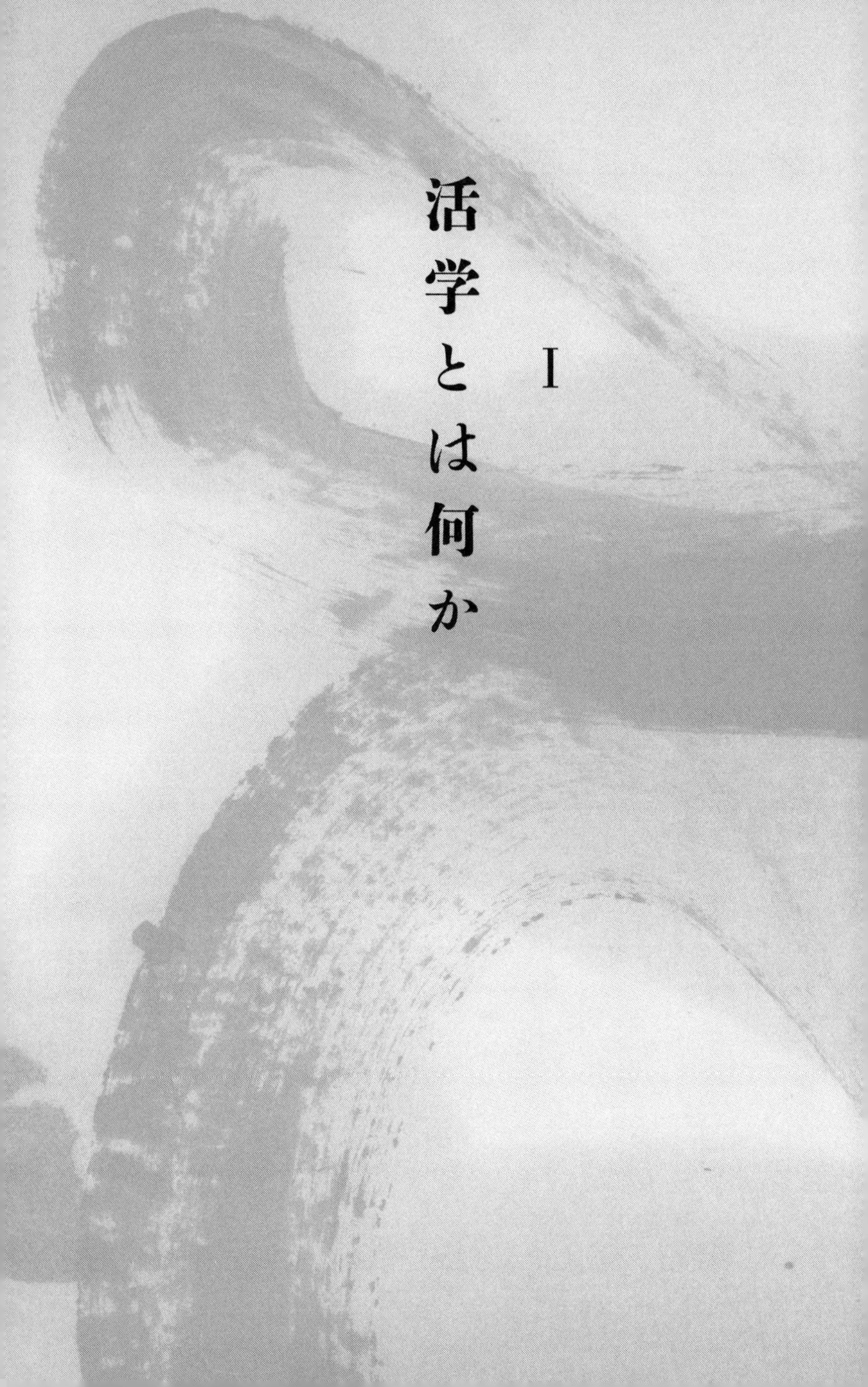

I

活学とは何か

この講義は、関西における「先哲講座」での講義を関西師友協会事務局が筆録し、「関西師友」の昭和三十八年一月号に掲載したものである。

概念と論理の学問だけをやっていると、心が渇く

私は田舎に生まれましたので、子供の時は自然に親しみながら育ちました。そして幼少時代から親たちの好みで、まず「四書五経」の素読から始まって、古典教育を受けました。ところがそういう勉強をしておるときに、ちょうど大正五年でありますが、世界大戦が始まった。これは第一次世界大戦といわれるだけあって、世界の人類に非常なショックを与えた。今度の大戦（第二次世界大戦）にももちろん大きな打撃を受けたけれど、第一次大戦というものを一度経験しておるから、みんなある程度の覚悟はできておった。しかし第一次大戦の時はそういう経験がなかった。もちろんそれまでにも戦争はあったけれども、国家と国家との間の戦争で、いわゆる世界的なものではなかった。それだけに受けたショックも大きかったのであります。

ちょうど日本の国民が、明治三十七、八年の日露戦争の時に受けたショックと似ておるわけであります。あのとき日本の国民は、それこそ小学校の生徒に至るまでみな昂奮して、日々の戦況に胸を躍らせ耳を傾けたものです。子供は子供ながらロシアを怒り、日本を心配した。第一次の大戦は私自身経験したことであるから、いまだによく覚えておるが、青年の私にも大きな驚きであった。

ちょうどそういう時に、私は田舎の中学から東京のど真中にある第一高等学校へ飛び込んだのです。「丹波篠山山家《ささやまやまが》の猿が」という歌があるが、全くその通りでありました。その上さすがに高等学校ともなると、学ぶことがまるで中学時代と違う。私はドイツ語の勉強から始めなければならない。論理学・心理学・倫理学・哲学概論・法学通論というような社会科学も勉強せねばならない。西洋の社会思想に関するいろいろな書物なども夢中になって読みました。

その頃は、今に較べると粗野というのか、野蛮というのか、例えばドイツ語にしても、初めてアー・ベー・ツェーとドイツ語のＡＢＣを習って半年もすると、先生は難しい本を得意になって講義する。翌年にはもうゲーテの『ファウスト』などというものを読ませる。学生の方も負けん気になって、マルクスの『資本論』などを原書で読んだものです。原書輪読会を作って、有志といっしょに勉強したり、他人に隠れるようにして読んだり、それこそもう夜眠るのも惜しいくらいに、いろいろな書物をむさぼり読みました。

ところがあまりにも違うのです、今までやってきた『論語』『孟子』『大学』『中庸』あるいは『日本外史』『太平記』などというものと。田舎出の私には面くらうことばかりです。それまで読んだものはとにかく仁義・道徳・忠君愛国のことばかり書いてあった。ところが高等学校に入ると、反対のことばかり書いてある。みな仁義道徳だの、忠君愛国だのというものに疑問を持って、何か人間の悪というものを研究し、それを描写して、従来の人間観、国家観というようなものをことごとく打破する書物ばかりであった。

まあそういうことで、驚きながらも一所懸命そういう本を読みました。その頃の学生のような純真な情熱を以て、今どき原書で小説だの『資本論』だのを読む、馬鹿正直な勉強をする学生はほとんどおらぬだろうと思う。いや、教授からして少ないに違いない。というのは今はそういう勉強をしなくても、便利な参考書といったものがいくらでもあるから、ちょこちょこと二、三冊読めば、マルキシズムというのはどういうものであるか、ゲーテの思想はどういうものであるかすぐ分かる。

ことに最近になると、いろいろのダイジェストだの、パンフレットだのというものが出てきて、実に簡単で楽であります。しかし当時はそういうものはない。辞引にしても、その頃はまだあまり良いものがなかったくらいですから、どうしても原典を読むよりほかにはなかった。ちょうど生《なま》の食物を食うよりほかにないのと同じこと。菓子を一つ食うにしても、我々の子供の時には、まだまだそれほど発達しておらぬ。書生の羊羹といえば焼いもであったし、それも今と違って本当の丸焼きで、少し田舎へ行けば、生で噛るのが当たり前であった。いわば菓子も自然に近かったわけで、学問もちょうどこれと同じことであった。

そういうことをやっておるうちに、一つの大きな煩悶が起こってきた。やればやる程なんだか淋しくなる、もどかしくなる、じれったくなる、居ても立ってもおれなくなる。今日の言葉でいえばノイローゼ、その頃は神経衰弱という言葉が流行《はや》っておりましたが、どうもその神経衰弱になる傾向がある。自分でもはっきり分かる。よく友達の中にも、精神に異常を呈するものがおりました。夜になるとふらふらと出て行って、酒を飲んだり、コーヒーを飲んだりしなければ、勉強ができないというのがおりました。深刻なものになると、寄宿舎を飛び出して、上野の山だとか、巣鴨や大塚だとか、この辺はまだその頃には森や林がたくさんあって、少し先へ行けば本当の武蔵野で、円太郎馬車がぴーっぴーっとラッパを吹いて、馬が糞を落としながら走っておる時代で、いくらでも散歩ができた。そういうところをいっぺん走りまわって、へとへとになってこないと神経が静まらぬ、というのが幾人もおった。

私もその神経衰弱にかかったわけですが、しかし幸いにして私には、子供の時から学んだ古典というものがあった。神経衰弱になったなと思ったときに、ふっと手にとって見たのがこの古典であります。『論語』だとか、『孟子』だとか、『太平記』だとか、吉田松陰のものだとか、もうその頃には王陽明《おうようめい》のものや、大塩中斎の『洗心洞劄記《とうさつ》』など愛読しておったのですが、ふっとそういう書物を手にとって読んだのです。ところが、なんともいい知れぬ満足感が、落ち着きというものが、腹の底から湧いてくるのです。ちょうど、腹が減って、ふらふらになっておったのが、一杯の飯にありついたというか、咽がかわいて、こげつきそうになっておったのが、うまい水を一杯飲んだというか、とにかく飢えを満たし、渇をいやす感じがする。

いったいこれはどういうわけであろうか、と思うことは思うのですが、なんといってもまだ未熟であるから、深くつっこむだけの能力もなく、また毎日の学課の勉強に追われて、そういう研究をする時間もなければ余裕もない。しかし始終それが念頭にひそんでおって、いわゆる近代学をやればやる程そういう疑問が深まるばかりである。そうして大学に入るようになったが、さすがにだいぶ頭も発達し、学問の方法にもよほど慣れてきた。その結果、これはこういうわけであるまいかとか、これはこの疑問を解決する参考になりはしまいか、といった面にも頭が働くようになってきた。

そこでいろいろと渉猟し、考えてみて、東洋の伝統的な学問・思想・芸術というようなものとを比較したときに、つまり一言で言えば、東洋文化と西洋文化でありますが、どちらも同じ人間の文化であるから、統一的立場に立てば変わりはないけれども、差別の相に即してみれば、その特質に大きな相違がある、ということにだんだん気がつき、それをつきとめるようになった。

いったい、なぜ西洋近代の哲学だとか、社会思想だとかいうものをやっておると、人間がなんだか寂しくなったり、もどかしくなったり、あるいは神経衰弱気味になったりするのか。これにはいろいろ理由があるが、第一に気のついたことは、これは知性の学問であるということです。つまり知識の、抽象的な、概念と論理の学問であるということです。しかしここに気がつくまでにだいぶ時間がかかりました。

高等学校へ入って、初めて論理学であるとか、心理学であるとか、あるいは哲学概論であるとかいうものを学んだときは、ただそれを読んだというだけで、承ったというだけであるが、そういう疑問のお蔭で解決の糸口がついて、もう一度逆戻りして、牛の反芻《はんすう》のごとくに高等学校でやったそれらの本を読み返してみた。論理学・心理学・哲学概論等々、当時、学生や知識人に魅力を以て迎えられた西田幾多郎の『善の研究』や、『自覚に於ける直観と反省』も読んだ。特に朝永《ともなが》三十郎の『近世に於ける我の自覚史』にはたいそう教えられました。ところが今度は、同じ本の読み方でも前とは違う。今度は自分から積極的に読む。

「古教照心、心照古教」

本の読み方にも二通りあって、一つは同じ読むといっても、「そうかそうか」と本から始終受ける読み方です。これは「読む」のではなくて「読まれる」のです。書物が主体で自分が受身になっている。こちらが書物から受けるのである。受け取るのである。つまり吸収するのです。自分が客で書物が主。英語で言えばpassiveです。もっと上品に古典的に言うと「古教照心」の部類に属する。しかしこれだけではまだ受身で、積極的意味において自分というものの力がない。そういう疑問に逢着して、自分が主になって、今まで読んだものを再び読んでみる。今度は自分の方が本を読むのです。虎関禅師は、「古教照心、心照古教」と言っておるが、まことに教えられ考えさせられる深い力のある言葉です。自分が主体になって、自分の心が書物の方を照らしてゆく。

本というものは、読まれたのではしようがないし、読まされたのでは大した力にはならぬ。どうしても自分が読まなければならぬ。よくアメリカの書物や雑誌などで見るのですが、哲学の先生が学生に言うのです。「君たちの頭は吸取紙のようだ」と。吸取紙はインクを吸い取るが、しかしそれ自体はインクの斑点でべたべたになる。それと同じことで、学生の頭はいろいろの講義を聞いてよく吸い取るけれども、頭自体は知識のしみだらけになっておるという、まことに痛烈な意味深い言葉です。実際その通り。なにやら学だとか、なにやら理論だとか、なにやらイデオロギーだとかいうもののしみだらけになっておる。これはだめです。こういうものを雑識といいディレッタンティズムという。

そうではなくて自分から読む。そこで初めて研究というものになる。それによって得るところは自分の生きた所得になる。生きた獲物、生きた知識にもいろいろあって、死んだ知識や機械的な知識もあれば、断片的な知識や雑駁な知識もあるし、反対に、生きた知識、統一のある知識、力のある知識もある。しかし「心照古教」にならって、自分が研究した知識でなければ、これは生きた力にはならない。受身になって、機械的に受け取った吸取紙的知識では、本当にこれはなんの力にもならない。

「あんたは牛のけつじゃな」

東京の谷中《やなか》に南隠という偉い禅僧がおった。ある日新進の仏教学者がやって来て、さかんに仏教を論じ、ついには達磨《だるま》とか二祖大師慧可《えか》（中国禅宗の第二祖）の「断臂《だんぴ》の物語」などを取り上げてとうとうとまくしたてた。

ご承知のように二祖断臂の物語というのは、慧可が達磨に入門を請うた時に、どうしても許してくれなかった。そこで慧可は、ちょうど雪の降る日であったが、雪が腰を埋めるのものともせず、夜通し達磨の門を去らずに頑張っておった。その姿に気づいた達磨が「お前はまだそんなことをしておるのか」と慧可に言ったときに、慧可は「私はいい加減な気持で教えを請いに来ておるのではありませぬ、命懸けで来ておるのです」と言って自分の臂《ひじ》を断ち、これを達磨に捧げて覚悟の程を示した。これにはさすがの達磨も感動して、初めて入門を許したという。

こういう物語であるが、これをその学者が「おそらくはこれは伝説で、そもそも達磨自身果たしてどれだけ実在の人物であるか、ということすらあやしいものだ。禅などというものは、こういう学問的には甚だあやふやな基礎の上に立ったいい加減なものである」と、その学者もあまり出来ておらぬ人と見えて、いつの間にか話が脱線してきた。

そうしていろいろの書物を引用し、新しい研究の材料を羅列してやるものであるから、初めてそういう話を聞く禅師は「ほう、そんなことがあったか」と熱心に耳を傾けている。「どうだ古くさい和尚、俺の新研究に驚いたか」と学者も内心得意になってやっておったところが、だんだん禅師が黙り込んでしまった。そこで学者も、これ以上やるとご機嫌が悪くなるかも知れぬ。この辺が引揚げ時だと思ったので、そこそこにお暇乞いをすることにした。禅師は「いや、おかげさまで今日はたいそう面白い話を聞かせてもらった」と玄関まで見送って、さて別れの挨拶をすませて出ようとした時に、和尚はさも感に堪えぬような声でたった一言、「あんたは牛のけつじゃな」と言われた。

なんのことか分からぬので、「へえ」と言って帰って来たが、学者先生このことが気になって仕方がない。「牛のけつじゃな」と言われたが、牛のけつというものはあまり見てくれのよいものではないから、褒めたこととも思えぬが、しかしあんなに真面目に感に堪えぬような声で言われたのであるから、いずれにしてもよほど意味があるに相違ないというので、辞引を引っぱり出してさんざん調べてみたが分からない。「牛のけつ」という熟語もなければ故事もない。百方苦心して、ふっと気づいたのが、あの禅の「十牛図」であります。これは人間の悟りの境涯のだんだん進化してゆく過程を、牛に譬えて説いた面白い物語でありますが、その十牛図を思い出して、どうせこの辺から出ておるに違いなかろう、というので始めから終わりまで調べてみたが、牛のけつらしいものはなにもない。

とうとう百計尽きて、ある日再び禅師のところへ出かけて行った。そうして無駄話の末に、「時にお教え願いたいことがある。先日禅師から『あなたは牛のけつじゃな』と言われましたが、どうも私、浅学寡聞にして、その意味がよく分かりませぬ。なにとぞお教え願いたい」と言ったところが、禅師は呵々《かか》大笑して「それだから学者は困る。牛はなんと言ってなくか、もう、といってなくじゃろ。けつはお尻じゃ。だから、お前さんはもうのしり（物知り）じゃなと言ったのじゃ」と言われた。これを聞いてその学者も、もうがっかりしてしまって、開いた口が塞がらんで帰って来たという。

単なる物知りではなんの値打ちもない

実に面白い話でありますす。これをなにかの逸話で読んだ時に、私も大いに悟りました。多年の疑問がこれで解決したような気がいたします。考えてみればそのとおりであります。物知りというものはもちろん結構、場合によっては面白い、ある種の値打ちもある。あるけれども、人間の本質的価値になにものも加えるものではない。いわんや物知りを自慢にするなどというのは、これくらいたわいのない事はない。この頃は「物知り辞典」というのがたくさん出ております。またクイズというものがたいそう流行っておるが、こういうものは要するに人間の知性の遊戯以上のなにものでもない。おおぜい面を並べて、つまらない問答をして、よくまあ、あんな馬鹿なことを性懲《しょうこ》りもなくやれるものだ、と時々思うが、退屈まぎれ、時間つぶし以上にさっぱり値打ちはない。

ところが人間には妙な心理があって、それこそ心理学者の材料にもなると思うが、物を知っておるということがなんだか偉いことのように思う。その大事なところを、禅師からぴしっとつかれたわけです。達磨が実在の人間であろうがなかろうが、慧可が本当に臂を切ったのであろうがなかろうが、そういうことは禅の本質・本義にはなんの関係もないことである。それをなにか禅の上に大事なことのように錯覚して、禅の本質そのものを評価する、などというのはとんでもないことである。

心がすべてを照らしてゆくような学問

我々はもう小学校の時分から、水は酸素と水素から出来ておって、H_2Oであるとか、地球が中心で、太陽がその周りを廻っておるのではなくて、地球は西から東へ自転をしつつ公転をしておるから、太陽が東から上がるように見えるのだ、というくらいのことは科学的常識である。しかしこのようなことを知っておるから、といって誰も自分が偉いとは思わない。思う奴はよほど馬鹿だ。吉田松陰も橋本左内もこういうことを知らぬから馬鹿だ、などと考える人間はおりますまい。

だから知性による知識というものは、これがなければ学問も発達せず、人間にとっては有用なものであるが、それ自体、本質的価値のあるものではない。それだけでは人間としての生命・情熱・風格・安心・立命などというものにはならない。したがって、いや論理学だ、哲学だといくら勉強しても、性命に力がつかぬ。信念や情熱を湧かす力にはならぬ。むしろそういうものをやればやるほど、神経衰弱のようになるのは当たり前のことであります。

そういうことがだんだん分かってきた。そうすると、それからそれへといろいろのことが分かってくる。こういうふうに学問というものは、まず自分が主体になって、自分が積極的に始めなければならない。つまり生きた学問、いわゆる活学をやらなければならない。心が照らされるのではなくて、心がすべてを照らしてゆくような学問をしなければならないのであります。

Ⅱ

政教の原理「大学」

この講義は、昭和三十三年八月に京都・宇治の靖国寺で開催された第一回全国師道研修会における連続講義を関西師友協会事務局が筆録し、同協会の機関誌「関西師友会」に掲載したものである。

序章　自己を修め人を治める学

「大学」の由来

この講義は単なる訓詁《くんこ》的解釈の講義ではなくて、生きたものとして働かしてみたいと思う。本来ならば、『大学』よりも前に朱子《しゅし》の『小学』をやるべきであります。ご承知のように、『小学』は我々の身近な問題が採り上げられている。明《みん》代の碩学章楓山《せきがくしょうふうざん》のもとへ一人の進士（科挙に合格した者）が訪れ、学問についての心構えをたずねたところ、即座に「小学をやるべし」と言われた。そこで進士は最初大いに立腹したが、考えなおして『小学』を勉強、再び章楓山を訪ねたところ、「ほう、だいぶ小学を読んだな」と言われたという。この逸話にもうかがえるように、『小学』は自分自身の卑近な、いかに自己を修めるかという道徳教育の学問である。これがわかれば『大学』も小学であり、『小学』も大学であって同じであります。

さて『大学』は古来、シナだけでなく朝鮮・日本と、幾多無数の人々の心を養ってきた書物である。そればかりではなく、事業・生活に生きて、道徳・政治・教育・経済など百般の指導階級の生活・事業にどれだけ資したかしれない。その意味では確かに経書（「古本大学講義」二三九頁参照）であって、仏教でいえばお経であります。日本においては単に儒書にとどまらず、仏教家も大いにこれを熟読玩味したのであります。

鎌倉末期・建武の頃は、儒書はもっぱら僧侶によって講ぜられておった。儒学の盛んであった徳川時代にも、僧侶は必読のものとして四書（大学・中庸・論語・孟子）を研究している。道元禅師なども、心を修めるには内典、即ち仏教の書物のほかに外典《げてん》、即ち儒書を読まねばならぬとして、大いに『大学』を尊重している。伊予の大洲《おおず》に中江藤樹《なかえとうじゅ》と併称された盤珪《ばんけい》禅師のごときは、「明明徳とは何ぞや」に心魂を傾けたといわれる。学問経書は読み方次第で血も通い熱情もたぎってくる。

もともと『大学』はシナでは『礼記』の一篇であるが、宋代に司馬温公《しばおんこう》（司馬光《こう》。北宋の政治家・学者）が特にこれを抜き出して『大学広義』とした。それを程明道《ていめいどう》、程伊川《ていいせん》（明道・伊川は兄弟。共に北宋の大儒）の二程子が大いに尊重して、『論語』『孟子』『中庸』と併せて世に奨励し、その学統を受けた朱子（朱熹《しゅき》の尊称。南宋の大儒）は、これに秩序を与えて四書の一つに仕立てたのであります。日本においても、ちょうど朱子と同時代に出た清原頼業《よりなり》という人は、『礼記』から『大学』を選び出して註釈を加えたといわれる。

「儒」の意味

だいたい儒教の「儒」という字に権威を持たせたのは、歴史的に考察するに、戦国時代の荀子《じゅんし》あたりからであろうと思われる。原始儒教を学ぼうと思えば、なんといっても孔子であるが、その孔子の門流は大略二派に分けられる。その一つは孟子の理想主義派であり、いま一つは荀子の客観主義、現実主義の一派である。近頃の若い人は、荀子を知らない人が多いが、儒教史を調べるにしても、シナ哲学をやるにしても、本当は孟子よりも荀子をやらねばならぬ。その荀子によると、儒という字の用いられた最初は悪い意味で、儒は「懦弱《だじゃく》事を畏る」というときの懦と同じ悪い意味に使われていた。それは大いに間違いであるというのが荀子の弁であります。本当にそうでありまして、進歩的知識人・文化人などというものは、いかに懦弱であるかということがよくわかる。これはいつの時代にも歴史的事実であると思われる。

春秋・戦国の頃は侵略や謀略が横行して人間の運命が脅かされたときで、その間に処した当時の知識人たちの無気力な卑屈なやり方を考察すればよくわかる。ちょうど、現今の国際社会の情勢は、その軋轢《あつれき》・闘争・思想・言論等そっくりそのまま戦国時代に行なわれていた。その間に介在する知識人・批評家等はだいたい無責任で、弥次で、その内心は事大主義で、権力の前には卑屈で口ばっかりで肚《はら》がなかった。こういう傾向が非常に強かった。現今の知識人・文化人といわれる人たちも全くそのとおりで、曲学阿世《あせい》の今日ほど盛んなときはない。

彼等進歩的知識人たちの起草したといわれる日教組の倫理綱領などを見てもよくわかる。この前の日共の大会にはソ連の代表が特別参加したが、ある日のごときはその代表が遅刻したため開会が遅れて、彼等の入場を待ってやっと開会したという。かように、まことに権力威勢の前には卑屈であります。彼等の一部の人たちは公然と「アメリカに負けて国を占領されても命だけは助かる。ソ連・中共に反対したときには命がなくなる。だから共産側につくのだ」というのです。まして彼等につけば、時勢にも便乗できるし、利益もある。「儒」はこういう「懦弱事を畏る」の儒の意味に使われていた。

しかしそうではないので、本当の思想言論というものは真理・信念に基づいて行なわれなければならぬ。それあるによって、立派な国民の進歩も、権威のある正しい政治も行なわれる。政治風俗を正し、国民の生活を守る根本の原理を明らかに指摘するのが儒である。こういうように次第に意味が矯正されてきた。全くそのとおりで、「儒」は漢の武帝《ぶてい》の時代に国家の採用するところとなり（漢の武帝はシナの歴史に一新紀元を画した名帝である）、その頃から儒は本当に国民思想・国家思想として発達するようになった。ことに儒教を非常に洗練し、活用して、偉大なる業績を発揮したのは後漢《ごかん》の光武皇帝であります。そのために後漢末には幾多の英雄豪傑が輩出した。ちょうど、それは徳川家康の政教政策に該当するものであって、神・儒・仏の教学の奨励によって、ご承知のように幕末にはたくさんの有為な人材が出ておるのであります。

「大学」とは「大人の学」であり、政治原論・政治哲学である

だいたい『礼記』は武帝時代前後に今日のような体裁になったのであるが、『大学』は前述のごとくその一篇であった。それが宋代になって特に選ばれて四書の中に加えられたのである。「大学」という意味は、古来いろいろにいわれているが、どの説も一面をうがっていて、すべてが正しい。即ち「大人《たいじん》の学」、「学校制度の最高教育機関」という意味、あるいは、「人間の学」には自己を修める「修己」と、人を治める「治人」の二つあるところにより、自己を修めるを「小学」といい、人を治めるを「大学」という。したがって、「大学」とは即ち「人を治める学」である。政治原論・政治哲学である、という意味にもとることができる。そのすべてを含んだ意味と見てよろしい。

第一章　「道」に則れば人間無限の可能性（三綱領）

『大学』では「明明徳」「親民」「止於至善」を三綱領といい、これを実現するために、「格物」「致知」「誠意」「正心」「脩身」「斉家」「治国」「平天下」の八つを挙げてこれを八条目という。その後は註釈であります。

宋の真徳秀（字《あざな》は景元、のち希元と改む）という人が『大学衍義《えんぎ》』を著し、明《みん》の邱濬《きゅうしゅん》（字は仲深）という人は『大学衍義補』を著した。日本では熊沢蕃山《くまざわばんざん》先生の大学講義（『大学小解』『大学和解』『大学或問』の三著ある）が良い。

一、「道」と「徳」

〔三綱領の一〕大学の道は明徳を明らかにするに在《あ》り。

大學之道、在明明德。

漢文訳読における創造力――陶鋳力

ここで漢文の読み方でありますが、大学之道在明明徳というふうに、直読しなければ意味がないという新しがりやの漢学者が多い。もちろん直読することも必要で、シナの学問とすればなおさらのこと、シナ音で読むのが一番よろしい。しかし、日本はすでに奈良朝時代からひっくり返って読んでいるのであって、このように読むことによって漢文化というものが日本化されたのである。これは読即訳で、翻訳・消化を一挙にやっている。こういうことができる自主的精神を持っておったからこそ、日本人はインド・シナ・朝鮮などの文化を迎えても、決して外国化しなかったのであります。

これは精神的ばかりでなく生理的にもいえる。日本には世界中の飲食物がある。そして我々が食べても実際おいしいと思う。西洋人にはこれができない。他民族のものを食べると直ぐ腹をこわす。この点日本人の胃の腑は非常な包容力・消化力を持っている。山鹿素《やまがそ》行《こう》に言わすと陶鋳《とうちゅう》力である。陶鋳力とは消化力・包容力を併せた創造力をいう。仏教が来れば仏教、儒教が来れば儒教と、なんでも自由自在に消化してしまう。時には腹下りも中毒もやるが、いつの間にか日本化してしまう。

そういうことで、儒というものは早くから日本化され、仏教はもとより、神・儒・仏というものが渾然として、民族精神・民族文化になっている。中国もまた然《しか》りで、孔孟・老荘といいますが、戦国末から漢初には両者まったく融合している。漢代も初めは老荘思想を取り入れて老荘政治であった。武帝《ぶてい》の頃に儒教を取り入れて儒老がいっしょになった。インド仏教が入ってくると、ことに老荘系の教えとの間に活発な混融が行なわれた。禅寺というものはインド仏教のシナ民族化したもので、それが日本に入ってさらに日本民族化したものである。こういうわけであるから訳読するので、その足らぬところは直読によって補えばよい。とにかく問題は「明徳」であります。

明徳——感覚、理性によって把握する世界

これが外国訳になると実に面白い。レッグの『大学』訳などを読むと、to illustrate illustrious virtue と書いてある。「ピカピカする徳をピカピカさせる」のでは訳として落第である。もっと深い意味があるわけで、紀平正美先生は「明という徳、明そのものが一つの徳である」と言う。では、いったい「徳」とは何ぞ。こうなると少しも前へ進まないが、この種の講義はこれでよいのだと思う。

こういう話があります。昔、晋《しん》の王子猷という人は、ある雪の景色のよい日、友の戴安道を思い出し、早速訪ねんものと下僕に舟を出させて、流れを遡り、かの戴安道の門前で

舟を捨てて、周囲の景色を眺めることしばし、ややあって、「ああよかった」と舟に乗って帰ろうとするから、下僕はたずねた、「先生は戴先生をお訪ねじゃないのですか」と。すると王子猷は、「興に乗じて来たり、興に乗じて去る、何ぞ必ずしも戴安道を見んや」と言って帰ってしまった。俗談に来たのではないのだから、別段会う必要はないということであリましょう。『大学』もまた然りで、興に乗じて講じ、興に乗じて已《や》む。何ぞ必ずしも全篇を講ぜんや、であります。

【徳】　とにかく「徳」とは「宇宙生命より得たるもの」をいうので、人間はもちろん一切のものは「徳」のためにある。「徳」は「得」であります。それには種々あって、欲もあれば良心もある。すべてを含んで「徳」というのであるが、その得た本質なるものを特に「徳」という。

【道】　そして、我々の「徳」の発生する本源、已れを包容し超越している大生命を「道」という。だから要するに「道」とは、これによって宇宙・人生が存在し、活動している所以《ゆえん》のもの、これなくして宇宙も人生も存在することができない、その本質的なものが「道」で、それが人間に発して「徳」となる。これを結んで「道徳」という。したがってその中に宗教も狭義の道徳も政治もみな含まっている。非常に内包の深い外延の広い言葉である。（八六頁「道徳の本義」参照）

明徳と玄徳

その我々の「徳」には種々の相があるが、その一つに意識というものがある。我々の意識される分野はごく少しで、例えば光といっても赤・橙・黄・藍・紫等の七色の色閾《しきいき》しか受けとれない。しかし光そのものは無限である。我々のこの意識の世界がいわゆる「明徳」でありますが、その根柢には自覚されない無限の分野がある。老子はこれを「玄徳」といっている。海面に出ている氷山の下には、それの八倍のものが沈んでいるという。ちょうどそれと同じで、有の世界、明の世界の下には潜在している徳、即ち無意識の世界がある。これを「無の世界」というと誤解をまねくので、無・虚という言葉を使いながら、道家ではよく「玄」という字を使う。

しかし、儒の教えは「自己を修め、人を治める」現実の学問で、もちろん玄徳の世界を無視するものではないが、とにかく、そのよって立つ基礎は、意識にのぼり、感覚で捉える世界、知性・理性によって把握する世界、即ち明徳の世界である。その明徳を解明するのが「明明徳」である。

我々は今日身体を親から受けているが、この小なる生命というものは両親・祖父母とずっとつながっている。我々の両親はたった二人、二代で四人であるが、二十代遡ると百万を超え、三十代遡ると十億を超えるという。そういう無限の生命が玄在して、その結果現実に自分の身体が明在している。この身体が明徳である。遺伝学では五千匹前のネズミの先祖の特質が五千匹後の子孫に出ているという。それを考えると、玄徳というものは恐ろしいものである。この玄徳に豊かに根ざしている明徳ほど立派である。だから知識でも信念でも芸能でも、いわゆる年季を入れぬと駄目である。つまり潜在の分野を豊富にせんといかぬので、知識でも年季経験を深めるほど、智になる。肉体の生命力でもそうです。体躯堂々としている者が弱く、痩せっぽちの弱々しそうなのが案外強いというのは、それは潜在と顕在のつり合いが悪いからである。古来英雄・哲人に風采のあがらぬ人が多い。立身出世でも同じこと、人間、柄《がら》にもなく出世すると、すぐの間に駄目になる。

「名門に賢子なく、将門将を出ださず」で、「売り家と唐様《からよう》で書く三代目」、まことに人の家というものは続かぬものである。親父が悶々として風流・信仰で過ごすと、子や孫に出世する者が出てくる。だから私はよく人に言うのですが、「自分はもっと出世ができたのだけれども、お前のためを思って世にかくれて学問修業してきた」といえば、孔子ではないが、「人知らずして慍《いか》らず」(『論語』)、「世を遯《のが》れ、知られずして悔いず」(『中庸』)というこことが実践できる。こういうところに道の学問の妙味がある。

「明徳を明らかにする」とは「我々の持っている能力を発揮する」ことで、明徳を明らかにしようと思えば、かえって玄徳に根ざさねばならぬ。それによって初めて明徳を明らかにすることができるので、そこで明徳を明らかにしようと思えば、哲学とか信仰とかが必要になってくる。したがって、孔孟の学と老荘の学は、あるところまでゆくと必ず一つになる。二つに分けるのは本当のことがわからぬ証拠である。

秀才的能力は「労働智」

子供は何でも分けて比べようとする。幼稚な頭ほど物事を分けたがる。世の秀才といわれる者に案外頭の悪いのが多い。これは西洋哲学でもはっきり言っている。我々の記憶したり推理したりする能力はいわゆる機械的能力で、イギリス哲学で言うとcogitationである。我々の知性はもっと深い働きがある。生命に滲透していく知性・能力、これをmeditationという。もっと深めたものをcontemplationという。

ドイツ哲学はもっと明白に表現している。マックス・シェーラーはそんな頭の能力はarbeitswissen即ち「労働智」だと言っている。これでは本当に物を創造することはできぬ。人生を創造してゆける能力をbildungswissen即ち「建設智」、もっと発達させると、現実を解脱して新しいものを創造してゆくerlösungswissen「解脱智」、あるいはそんな智慧が尊いというのでHeilswissen「聖智」という。

秀才的能力は知性の機械的・動物的な働きで自慢にならない。だいたい世の中で立てられるのは、あまり下でもない中位というところであって、秀才で出世する者は案外少ない。

秀才必ずしも達人ではないのであります。

実に明徳というものは複雑豊富な内容を持っているのです。

二、宇宙・人生の本領「日日に新たに」

〔三綱領の二〕民に親しむに在《あ》り。　在親民。

親民説と新民説　次は三綱領のうち二番目の「親民」であります。これは「親民」がよいか、「新民」がよいかということで、古来なかなか論議の存するところであります。元来『大学』は、前にも申し上げたように、『礼記』の一篇であったのを、司馬温公《しばおんこう》が抜き出して『大学広義』とし、程明道《ていめいどう》、程伊川《ていいせん》の二程子は特にこれを尊重して論孟（『論語』『孟子』）に配した。その学統を承《う》けた朱子《しゅし》がもっぱらこれを四書の一つとして世に弘め、古来『礼記』中に伝わってきておる『大学』を、秩序だて、組織だてて改篇した。そのときに、古本大学では「親」の字になっておるのを、「親」は十一真の韻で「新」に通ずるところから、「新」の字を正しとするとして代えたのであります。

即ち「民を新たにするに在《あ》り」。ところが王陽明《おうようめい》は、「なにもわざわざ新の字に改める必要はない、古本大学の通りの『親』でよろしい」と主張いたしました。そこで「新民」説を好む人と、「親民」説を用いる人と、なかなか議論紛々であります。

「民を新たにするに在り」という考え方も、もとより立派に議論が立ちます。この宇宙・人生というものは日々夜々創造変化、常に停滞することがない。「日に新たに日々に新たなり」というのが自然の相であるから、停滞固定は造化《ぞうか》に反する。我々は常に自己を新しくしてゆかねばならない。

行年五十にして四十九年の非を知る

『論語』衛霊《えいれい》公篇に、孔子が褒めている衛の賢大夫蘧《きょ》伯玉（孔子という人は滅多に人を悪く言わぬが、反面軽々しく褒めることもしない、非常に公正慎重でありますが）、その蘧伯玉は「行年五十にして四十九年の非を知る」（『淮南子《えなんじ》』）と言われている。

人間というものは、孔子も「四十にして惑わず、五十にして天命を知る」と言われたように、だいたい五十歳ぐらいになると固定する。早い人は二十くらいで固定してしまう。これを若朽《じやつきゆう》と称するのであるが、案外早く固まってしまうものであります。

「命を知る」ということは、消極的には、「もう俺はこれだけの人間だ」と諦めてしまうことである。それがさらに達してくると、人生というもの、したがって自己というものは、どういうものでなければならぬかという本質・本領をはっきり知って、造化（七九頁参照）

の法則である「道」というものに完全に自己を合致せしめる。

　即ち真の自由を得る。だから知命といっても種々あるわけですが、どちらにしても、だいたい五十くらいになると、自分というものを大なり小なり、高かれ低かれ、分に応じておのずから自己を掴む。したがってだいたい五十くらいになると消極的意味において諦める。「じたばたしてもどうにもならぬ、停年も何年かのうちにやってくる、だから、俺もこの辺で止まりか」ということで、自分をそこで固定してしまう。造化・変化がきかなくなる。

　したがってその頃から過去を顧みて、俺の若い時はということになって、いかなる人間でも自分の到達した極点において過去を顧みて、過去を抹殺することはしのびない。自惚《うぬぼれ》と瘡気《かさけ》のない者はないというくらい、どんな人間だって相当に偉いので、「俺もここまで来て、さて自分の一生も満更ではなかった」くらいの、どうしても自分の過去というものにできるだけの意味を付与して、価値をおいて、なんとか自ら慰めたい。愚かな人間ほど自分の過去に意味を付けたい。であるから、その頃になって自叙伝を書いたり、あるいは他人に自分の伝記を書いてもらったりする。記念碑を建てるとか、情けない人になると墓に戒名を朱で入れておくとかいったように、なにかやってみたいものです。これが人情であります。現在の名士といわれる人の中にも、苦笑いするような自分の伝記を人に書かせて喜んだり、立派な銅像や記念碑を建てたりすることに夢中になっている人がずいぶんとある。

ところが蘧伯玉という人は、五十になっても、四十九年の過去のすべてを否定して、四十九年の非を知る。自分のやって来た道はうまくなかった、と感ずることのできる人だというのであります。これはなかなかできないことであります。蘧伯玉がそういうことのできる人であるということは、やり直しのきく人であるということです。

これは『淮南子』という老荘系の書物の中にある。――シナの社会思想を知るエンサイクロペディアのような意味で、秦《しん》の呂不韋《りよふい》が作らせたという『呂氏春秋』、一名『呂覧』というものがあるが、これはどちらかというと、儒教的思想が根柢になっている社会思想エンサイクロペディアである。老荘系でよくこれに対するものがこの『淮南子』であります。ところが『荘子《そうじ》』の雑篇・則陽篇の中にやはり蘧伯玉のことを語って、もう一句加えておる。

行年六十にして六十化す

それは、「蘧伯玉は行年六十にして六十化《か》す」というのでありますます。私はちょうど六十一だからこの言葉を非常に愛するのですが、しかし世の中には同じような気持の人がおると見えて、名前は忘れてしまったが、徳川時代の学者で『六十化語』という本を書いている人がいる。その志の存するところがよくわかるのであります。

「六十にして六十化する」ということは、「六十になっても六十になっただけの変化をする」という意味で、これは非常に面白い。私などは、そんなに生きられるかどうかわからぬが、六十にして五十九年の非を知り、七十にして七十化そうと考えている。生きておる限りは化する。死ねばもちろん化するが、これは自慢にならない。この「化する」ということは、換言すれば「新たにする」ということであります。

革命の意味　そういう意味から考えて、政治も道徳と同様に常に国民を新たにして、旧来の陋習《ろうしゅう》を破って、繁栄向上させなければならぬ。それが停滞し腐敗し堕落すると、いろいろな意味での革命が起きてくる。良い革命ならばよいが、悪い革命もある。今日までの革命研究家の率直な結論によると、革命の歴史は悪質なものの方が多いという。つまり善化しないで悪化することが多いわけであります。

ブリントンというアメリカの有名な学者が『革命の解剖』という本を書いている。あるいは先だって亡くなりましたが、かつて共産主義の学者でベルジャエフという人は、共産主義に愛想をつかしてだんだん宗教に入り、戦後有名になった人でありますが、学者として卓抜な人で、日本にも『愛と実存』など彼の著書がたくさん翻訳されている。その他いろいろと革命研究家がおります。

名高いフランス革命については、ガクソットという新進の学者がおりますが、この人の

『フランス革命』二冊の翻訳もある。従来の歴史家は、フランス革命というものに対して、なにか人類歴史上の非常な進歩的現象のような先入主があって、学者はその先入主に従ってこの革命を美しく書き立てるのですが、彼は実に厳正な科学的探究、動かすことのできない史実・記録に基づいてありのままを描いている、実体を暴露している。そういう書物は共通して、革命は多く人間の美事よりむしろ醜悪の暴露であることを、それこそ暴露している。

その点からは、日本の明治維新は実に立派であります。世界革命史上実に尊敬すべき見事な革命であります。

三、政治革新の大原則「民に親しむ」

新の根柢は親なり　道徳は「つねに自己を新しくすること」であるから、そこで「民を新たにするに在り」と「新」の字にすることも、もちろん意味がある。しかし何によって自らを新たにし、世を新たにすることができるのか、というもう一段根柢にかえると、やはり「古本大学」の「親」という字が妥当であります。

理論的ばかりではなく、情操の上から、したがって自然という点からいっても「親」の字がよろしいと思う。「民に親しむに在り」。支配者・為政者を中心にして言うならば、

「民を親しむに在り」。あるいはもっと客観的に言うならば、「民同志を親しうするに在り」。民というものはいがみ合って、仲の良くないものである。もっと自然的に、為政者たる者は「民に親たるに在り」と読んでもよい。好きなように読んでよろしいが、なんにしても親しい親の字がまことに自然で、情味があって、そうして深みがある。

親しむことができて初めて新しくすることができる。自己を新たにするのもそうで、単なる理屈や興味や打算などで、自己を新しく改造することはできない。本当の自分にならないと駄目です。自分を疎かにせず、本当の自分にかえって来なければ、自己の改造はできない。たいていの人間の禍《わざわい》は、自分を疎かにするということです、自分を棚に上げるということです。せっかく親からもらった何千何億という親たちの寄って作り上げてくれたこの自分というものを、いかにもお粗末にして、悪い意味において自己を忘れている。

これは人間の弱点であるが、その代々の先祖から伝わっておる大事な自分というものにもっと親しむ、自分が自分にかえってくる、もっと自分を大切にする。本当の自分になって初めて、これではいかぬとなる。何とかせねばならぬということになって、自己を新しくすることができる。

政治の革新にしてもそのとおりで、やはり、民というものの親身にならなければ新たにすることができない。民に親しまないで、理論的・打算的・功利的に民を新たにしようとするのは、民を弄ぶことになる。民を誤ることになる、ということを切々として王陽明は論じている。私は新しいという「新民」よりも、親しいという「親民」に賛成する。

シナ事変のときに、日本から出かけて行った連中が北京に新民会というのを組織して、しきりに活動をやっておった。

私も北京に参りましたとき、迎えられて一席の話をしたのですが、その際「願わくはこの〝新民会〟は古本大学の〝親民会〟であって欲しい。日本人がシナの事をよくわからずに、勢いに乗じてシナに乗り込んで来て、ああしてやろう、こうしてやろう、という意気込みで民を新たにしようと思っても、これはやり損なう危険が多い。まず〝新民〟の前に〝親民〟でなければならない。どうか〝親民会〟であって欲しい」ということを切に論じて聞いてもらったことがあります。

今日の日本の状況を見ましても、何でも新たにしようと騒いでいる、争っている。そしてその根柢に「親」の一字がない。人を見たら批評し非難をする。これでは世の中は平和にゆかない。民に親しむことによって、新たにすることができるのですから、やはり思索すると「親」の字がよい。

四、止揚して「絶対善」に至る

〔三綱領の三〕 至善《しぜん》に止《し》するに在《あ》り。　在止於至善。

「止」をとどまると読んでは拙い。「至善にしするに在り」。これが耳慣れないというならば、「至善にいたるに在り」と読む方がまだよいでありましょう。いったい、「止」という字は説文《せつもん》学的には足形である。下の一は踵《かかと》、上は足の指の象形である。故に歩いて行って、あるところまで進んで行ったその跡である。これは到達を表わす、達することを表わす、安立を表わす。「止まる」には相違ないが、「停する」のは「止まる」ではない、「到達する」の「止まる」である。だから「いたる」と読んだ方がよろしい。「至善」というのは、いうまでもなく悪に対する善の〝相対的な善〟ではなくて、いわゆるアウフヘーベン（止揚）という言葉があるが、とにかくそういう「〝絶対的な善〟に到達するに在り」というのであります。その後は「止する」という字を承けて、我々の境地のいろいろな層を論じているのであります。これを「八原則」という。

五、「道」に至るための「八原則」

止《し》することを知りて而《しか》る后定《のち》まる有り。定まって而る后能《よ》く静かなり。静かにして而る后能く安んず。安んじて而る后能く慮《おもんぱか》る。慮りて而る后能く得《う》。物に本末有り。事に終始有り。先後する所を知れば則《すなわ》ち道に近し。

知止而后有定。定而后能靜。靜而后能安。安而后能慮。慮而后能得。物有本末。事有終始。知所先後、則近道矣。

「止《し》することを知って而《しか》る后定《のち》まる有り」。ある境地に到達するに及んで、人間はだんだん安定してくる。進歩しなければ安定ということはない。安立・確立ということはない。途中に放浪しておっては定まらない。

「定まって而る后能《よ》く静かなり」。あるところに到達し、安定して、初めて静かなることを得るのです。機械でもそうです。安定度の高いほど静かな唸りをたてる。反対に精密度が悪いと、したがって性能の不安定なときには非常な雑音を出す。だから熟練工は動いているその音を聞いて、機械の故障なり弱点なりがよくわかる。これは「定まって而る后能く静か」で、不安定な状態にあると落ち着かぬ、静かではない。

「静かにして而る后能く安んず」。静とは純一であること。よく統一され、錬成され、熟練されておるということである。人間でも出来てくるほど静かに落ち着いてくる。がさがさしているのは出来ておらぬ証拠であります。人間の精神作用が静かに純一になって、初めて定まる、安定、安定する。

「安んじて而る后能く慮《おもんぱか》る」。安定して初めて全能力が発揮される、精神活動が自由に行なわれる。即ちよく慮る。

私の友人に名医がおる。その話を聞くと、いろいろ教えられるのですが、医者が診察をするときに一番大事なものは指頭の感覚だそうであります。指とは手篇に旨と書く。あれは単なる音符ではなくて、会意文字である。旨を「うまし」と訳するが、「デリケート」「微妙」という意味を持っている。だから名医になると指頭で診断できる、というのはいわゆる「定まってよく静かなる」を得ておるから、指先が考えるわけである。ところが前の晩に酒を飲んだりして騒いだ翌日は、この指頭の感覚はきかぬという。反対に落ち着いて良書でも読んで寝た翌日は、非常によく診断がきくという。心がよく慮るわけでありま す。

「慮りて而る后能く得《う》」。精神というものを十分に活動させて、初めてああだこうだと把握することができる。この「得」の発達したものが道徳の「徳」であります。そしてだいたい存在する物には本末がある。「物」は存在をいい、その活動機能を「事」という。すべて事には終始がある。終わりは始めの終わりであって、同時に次の始めであります。終始というものは循環する。とにかく一応本末がある。時間的にはどれを先にするか先後がある。以上は発展過程です。三綱領を動的実践的に見ると、こういう八原則をよく把握しなければならないのであります。

第二章　致知格物・治国平天下の因果律（八条目）

古《いにしえ》の明徳を天下に明らかにせんと欲する者は、先づ其の国を治む。其の国を治めんと欲する者は、先づ其の家を斉《ととの》う。其の家を斉えんと欲する者は、先づ其の身を脩《おさ》む。其の身を脩めんと欲する者は、先づ其の心を正す。其の心を正さんと欲する者は、先づ其の意を誠《まこと》にす。其の意を誠にせんと欲する者は、先づ其の知を致《いた》す。知を致すは物を格《ただ》すに在《あ》り。

古之欲明明德於天下者、先治其國。欲治其國者、先齊其家。欲齊其家者、先脩其身。欲脩其身者、先正其心。欲正其心者、先誠其意。欲誠其意者、先致其知。致知在格物。

理想追求の精神が生んだ尚古思想

古典を読むと、よくこの古《いにしえ》ということが出てくる。古人・古聖・古賢というように、どうも東洋思想は尚古《しょうこ》主義である、過去ばかり論ずる、したがって東洋には進歩がないという。これは世間普通の思想家・学者の通説であります。なるほど、これも一応もっともでありますが、少しく立ち入って観察すれば、これは必ずしも未来に眼を閉じて、過去ばかり振り返るという思想ではない。むしろ非常な理想主義がこの尚古思想を生んだのであって、そこに漢文化の特徴がある。それがたまたまよく合致するところがあって、わが国にも迎えられたわけであります。

漢民族というものは、いろいろ物を考えるようになって、この現実、したがって実践を重んずるようになり、黄河の流れに随ってあるいは東し、あるいは南して、気候・風土・猛獣・毒蛇・土人と戦いながら次第に発展した、まことに実践的・現実的な性向をもち、観念や空想や戯論を許さない。

そこで単なる理想や空想を描いて喜ぶ、というような空虚さには耐えられない。あくまでも実践・実現を旨とする。価値あるものほどユートピアとして甘んずることができない。自分の欲するものほど、単なる理想・空想ではなくて、それは偉大なる人々によってかつて実現されたものとして、実際性をもたさずして理想となし得なかった。そういう精神を彼等は養ったのであります。即ち自己の愛する、自分の欲するものに向かって、高い価値を払う。理想的なものほど、それは単なる理想ではなくして、すでにそれは実現されたものであると感ずる。それは民族精神の要請であって、これが彼等に古人・先哲・偉大なる祖先、その学問・徳、その功業・徳業、こういうふうに感ぜしめたのであります。だから東洋の尚古思想は、西洋のユートピア思想に対して逆の、過去に愛着する思想であると簡単に決めることは浅はかなことであります。

それはむしろ「ユートピアにしておくに忍びない」という理想精神の要求が、この尚古思想を作ったものであるということを理解しなければ、東洋文化・東洋民族精神に本当に参ずることができない。そこで、尭舜《ぎょうしゅん》だとか、禹《う》・湯《とう》だとかというような聖人を生んだのであります。それはちょうど仏教が多くの仏・菩薩を生み、多くの偉大な彫像・仏像、即ち仏教芸術を、あるいはそういうものを通じて、ますます観音や地蔵等のいろいろの信仰を生み出したのと同じことであります。つまりそこまで生命に入らなければ、概念の遊戯や気分の満足に終わってしまう。

仏教に限りませぬが信仰でもそうであります。仏教では正法《しょうぼう》・像法《ぞうほう》・末法《まっぽう》といい、最初は正法が行なわれて、それがだんだん芸術的にいろいろの仏像を生むようになる。これを

「像法の時代」といい、それも粗末にされるようになって「末法の世」という。

一木一草みな仏　鎌倉時代はその像法が盛んで、今でも鎌倉仏といえば彫刻界で大騒ぎをする。ある日、一人の信者が見事な仏像を持って道元禅師《どうげんぜんじ》のもとに参り、その開眼供養をお願いしました。するとそのとき禅師は、「ああもったいない。仏で木を作ったな」と言われたことがある。これは実に面白い。仏で木を作った。本人は木で仏を作ったと思っている。木で有難い仏様をつくったつもりで開眼供養を頼みに来た。禅師は「仏で木を作った」と言われる。「一木一草みな仏だ」というわけであります。

大和《やまと》の大神《おおみわ》神社に参りますと、拝殿だけで御神殿がない。あれは西洋人にはわからない。アメリカ軍が進駐して来たときにもこれは困った。お山が御神体になっている。だから神殿の中に御神体など安置していない。山そのものが拝めるようになっている。その説明を聞いて、わかったのかわからぬのか、一人だけ感心したが、あとの者にはさっぱりわからなかったらしい。さもあろうと思われる。それと同じことです。せっかくの美材・仏様で木を作った。本当の信仰を解しないで、いたずらに仏像を作ってはいい気になっている。そういうものは決して真実の信仰でないことを戒められたのであります。物事は少しく深く思索するのと、浅薄に触れるのとでは逆になってくる。

とにかく尚古思想というものは、世間俗説のような通り一遍のものではないので、そこに命のこもった、情熱の潜んだものであることを知らねばならない。その上で、何でも物事には長所があれば短所もあるので、そのために弊害も生ずるのですから、尚古思想の弊害も初めてよく理解することができる。

一、八条目は本末究竟等

「致」はきわむと読んでよろしい。致という字には「ささげる」とか、「やめる」とかいろいろな意味がある。この場合の「致」は「きわめる」という意味で、即ち、「知を致《きわ》むるは物を格《ただ》すにある」。これが有名な「格物致知論」であります。古来ずいぶんと論議の盛んな有名な一節であります。

よくこういうことを言う人があります。「明徳を天下に明らかにせんと欲する者は先づ其の国を治む。其の国を治めんと欲する者は先づ其の家を斉う云々」、というような次第で順序を追っていたら、我々がこの身を修めるとか、心を正すとかは、これは容易なことではないので、したがってそれができなければ国を治めることができない、天下を平にすることができないというのであれば、いつになったら平天下ができるのか。第一、誠意正心ができなければ、致知格物ができなければ、平天下ができないというのでは、治国平天下の任に当たる者はなくなるではないかと。これはやはり先の尚古主義と同じことであります。

十如是　なるほど、それは文章の上ではそういうように言えるけれども、それは文章が成立する上での約束（中国語のレトリック）であって、そういうふうに表現せざるを得ないからである。本来の意味は、そんな時間的な前後次第を表現したものではない、同時存在・同時作用たるべきもので、実際は、仏教の言葉を借りれば、「本末究竟等《ほんまつくきょうとう》」でありま す。「平天下」というものは誠意・正心の中にある。我々の意の中にちゃんとある。「明徳を天下に明らかにする」ということと、誠意・正心・修身・斉家・格物・致知というものはちゃんと一如しておる。

「法華経」に「十如是」という有名な経文があります。如是相《にょぜそう》・如是性《しょう》・如是体《たい》・如是力《りき》・如是作《さ》・如是因・如是縁・如是果・如是報・如是本末究竟等という。これを転回して是相如・是性如……またこれを三転して相如是・性如是……くるくる廻してゆけば百如是にも千如是にもなる。十如是というものは、すこぶるやかましくいわれる（七二頁一五行目へ続く）。

本当の学問とは　ちょっと説明しないといけませせぬが、いったい学校の散漫な受験勉強というものは、およそ駄目であります。世の中に何が楽だといって教授商売ほど楽なものはないので、あんなものはきわめて形式的なもの。本当の学問というものは道楽でなければばいけない。その代わり年季を入れなければできませぬ。私など一生道楽に学問してきた人間であるが、最初は親たちから七〜八歳の時に初めて『大学』をやらされた。いまどきの先生はそんな教育は乱暴だというが、決してそうではない。そういう先生の頭が浅薄極まるから乱暴に見えるのです。今でも子供の時に教わったものほどよく憶えている。学校で教わりだしてから得た知識などというものは、だいたいみな忘れてしまっております。

すべて学問というものは、根から養分を吸収して、幹が出て、枝が伸びて、それが分かれて小枝、その先端に葉がつき実がなる。そしてそれがまた落ちて、肥料になって、新しく芽をふいてゆく、というように自然に伸びてゆくべきもの。自然に伸びていって、それが分裂せずに自ら一つの体系をなしてゆく。これでなければ本当の学問ではない。我々はまず『大学』から始まって、「四書五経」を教わった。それがある年齢に達した頃に、自分から「面白いなあ、なるほどなあ」と考えるようになる。

最初は与えられたものだが、だんだんそれが生命化してきて、「よし、一つ儒教を勉強してみよう」と今度は自発的に読みだす。孔子の伝記をやるうちに、どうしても孟子をやらねばいかぬ、今度は荀子《じゅんし》をやらねば気が済まぬ、というようにだんだん枝葉に分かれてくる。そうすると孫子・呉子・韓非子などというものまで関連してきて、今度はそれに道楽をする。そのうちに今度は自然に老荘にも亘《わた》り、どうしても仏教をやってみなければならなくなる。かように儒教を研究しながら、年季をかけて道楽していると、自然とあらゆる教学に入ってくる。桃栗三年柿八年というが、人間の学問はやはり二十年、三十年と年季をかけて初めて生きた学問になる。

樹木が自然に伸びて、枝葉を張り、花を開いたり、実を成らせたりするのと同じことです。そうすると、ところどころで果物が出来る。それを「智果」という。「智果」はときどき著書になったり、詩になったり、偈《げ》になったり、議論になったり、学説になったりする。同様に「徳果」というものが出来る。これにも小さな果物と大きな果物がある。要するに、学問というものは道楽にやらぬといかぬので、講演・講義というものも、本当は道楽講義でなければならない。何を話すのやらわからぬ、どこへゆくのやらわからぬというのが本当の講義なので、ちゃんと下書きを作ってきて、予定どおりに進行するなどというのは机の上の知識の伝達にすぎない。あんなものはよほどの馬鹿でない限りは誰にもできる。

人生でもそうです。本当の人生というものは、どこへゆくのかわからない。そういう訳で少々脱線？　ではなくて、つまり枝を一本出して、「十如是」を申したわけです。

本末究竟等　まず「如是相」でありますが、これは我々が直接経験する世界、現実にあるがままの世界です。この相は表面だけのものではなくて、その中に何かがあるなというのが「性」です。そしてその何かというものは、決して単なる個別的相対的なものではなくて、統一された絶対的なもの、いかに小さな自分でも、宇宙の絶対的生命とつながっておる。そういうものが「体」であります。だから「如是相」はそのままに「如是性」であり、「如是体」を表わす。

その上で、「体」は決して我々の概念的な存在でもなければ、唯物的な存在でもない。しいて言うならば、これは物を動かす力、即ち「如是力」です。この如是力がいろいろの働きをするというので「如是作」。この力の働きがいろいろの因を作る。これを「如是因」という。この因がお互いに触れ合い、結びつく、即ち「如是縁」となる。何かの接触によって、如是因が如是縁を通じて、ここに「如是果」を生む。

人生のことはすべて因果、科学もすべて因果の産物であります。「因果なことで……」などというのは悪い意味の因果であるが、悪いとばかり限らないので、善因善果もある。要するに、すべてはこの縁から起こる。「縁起」が一番肝腎であります。これは日本民族思想の一つでもあります。

次に、かくして果が生ずるが、これはまた、果はそのまま一つの因であって、いろいろの作用を起こして、果が果を生んでゆく。それが「報」であります。これで九つになるが、実は一つなのでありまして、如是本末、『大学』でいう本末をつきつめてゆくのと同じものになる。そこでこれを「如是本末究竟等」〈かくの如く、本と末は究極的には等しい〉というのであります。お経ではこれを繰り返して、是相如、是性如、是体如……それから相如是、性如是、体如是、とぐるぐる入れ換えてゆく。

二、致知格物——知を致むるは法を格すに在り

これと同じことで、「明徳を天下に明らかにせんと欲する者は先づ其の国を治む。其の国を治めんと欲する者は先づ其の家を斉う云々」から、「正心・誠意・致知格物」まで分けてはあるが、これは表現のやむを得ざる約束であって、これ本末究竟等で一つでありま す。「天下を正し治める」ということと、「致知格物」ということは一つであります。だから大臣や総理がまずその心を正せば、自然と天下の人心は正しくなる。それは、事態の認識をはっきりしなければならぬということになれば、「致知格物」ということになる。

学者間では、この致知格物についてはいろいろと議論がある。「格」の字だけでも七十二家の説を挙げているものもあります。しかし大別すれば、朱子《しゅし》派的考え方と、陽明《ようめい》派的考え方の二つに帰着する。

朱子の方では、「知を致《きわ》むるは物に格《いた》るに在り」、即ち「正しい知、真知を持つということは、つまり事物の真実・真相に到達することである」とこういう考え方であります。

ところが陽明派は、我々の認識・知性というものは当てにならない、間違った考え方をする、観察、判断というものは誤りがちである。それを正しくしなければならない、正しい認識をしなければならない、という意味で「格」をただすと読む。

格をいたると読むかただすと読むか、七十二家の説も、つきつめれば結局この二つに帰する。そこで、朱子派だとか、陽明派だとか、わざわざ分けて、喧嘩をする阿呆な学者が出てくる。あるいはまた、あの人は陽明学派だからと勝手に決めて、こう考えているのだろうなどと批評する。大きに御苦労さんだ、と苦笑いすることが実に多い。本末究竟等を少しも知らないのですから困ったものです。

考証学より見た致知格物

考証学というものが発達して、従来の致知格物論に対して最も妥当な結論を下しておるのに、陽明派だとか、朱子派だとかと、逆上している学者の頭にはそれが入らない。だからほとんどの人が知らない。それは清《しん》代に王引之という考証学の大家が出て解明しております。

それによると、『礼記』に「言ニ有リレ物。行ニ有リレ格」とある。また『周礼《しゆらい》』には、「其ノ犯スレ禁ヲ者。其ノ不ルレ物ナラ者。」というような言葉が出てくる。『詩経』には「天生ズ二烝民ヲ一有リレ物有リレ則」と書いてある。つまり『大学』の原流をなすところの古典に、こういう言葉が出てくるのであります。それから研究してみると、この「物《もの》」も実は「法」に通ずるのであります。

したがって『周礼』の言葉は、其の禁を犯す者と、その法ならざる者、即ち不法者ということで、『周礼』の法律尊重がよく表わされております。天、烝民（万民）を生じて、これを放置すればごたごたになる。そこで烝民生活の中に、自ら「法有り、則有り」。人間、大衆の生活をしてゆくためには、その間にちゃんとした法則というものがある。「物」はやはり「法」であります。「言に物有り、行に格有り」（『礼記』緇衣篇）で、人間の言行には法則というものがある。勝手放題のことばかりを言ったり、行なったりは、とうてい出来るものではないのであります。天が生じた民衆社会にもちゃんと法則がある。不法者は罰せられなければならない。そういうことから考えると、致知格物の「物」は、物《もの》ではなくて法であります。

「知を致むるは法を格《ただ》すに在り」――つまり自然科学も道徳科学もすべて同じことで、法則というものがある。我々が本当に知を致むる――真知に到達するためには、法則・真理というものを正しく把握しなければならない。

三、正誼明道――利は義から出る

物を格《ただ》して而《しか》る后《のち》知至《ちいた》る。知至りて而る后意誠《いまこと》なり。意誠にして而る后心正《こころただ》し。心正しくして而る后身脩《みおさ》まる。身脩まりて而る后家斉《いえととの》う。家斉うて而る后国治《くにおさ》まる。国治まりて而る后天下平《てんかたい》らかなり。

物格而后知至。知至而后意誠。意誠而后心正。心正而后身脩。身脩而后家齊。家齊而后國治。國治而后天下平。


これも別に順序次第を言ったのではなくて、本末究竟等で同時存在、同時作用、ただ表現する時のやむを得ざる法であって、こういうふうに分けて言うのであります。例えば東洋の政治・道徳を通ずる一つの原則を明白に表現したものとして、古来有名な「正誼明道」という、漢の武帝の代の董仲舒《とうちゅうじょ》という碩学《せきがく》のたてた原則があります。それは、

「君子正其誼不謀其利。明其道不計其功」

君子は其の誼《ぎ》を正して其の利を謀らず。其の道を明らかにして其の功を計らず。

「誼」は道義の「義」と同じことで、これは千古不磨《せんこふま》の法則であります。君子は誼をいかに知ることが正しいかという、誼を正しうして、どういう利益があるかということを勘定しない。これは我々の理性から言ったのであります。次の「其の道を明らかにして」は実

践の面から言ったわけであります。其の道を明らかにして、その道はどういう効果があるか、功徳があるかということは謀らない。つまり正誼明道を布《し》いて、道義主義であって、決して功利主義ではない。政治・道徳はあくまでも道義であって功利ではない、ということをはっきりと表現したものであります。

これに反対する学者の中には、「人間功利を除いて道義はない。いかなる人間だって、どうすれば利益・成績があがるかと考える。それを否定して、道義などといったって空論だ」というような学者がよくあります。こういう人は文章や文学などのわからない人で、物には相対的に対照的に強調ということがある。これは表現技術の問題で、なにもこれは功利を否定しているのではないのです。

どれを中心にするか、どっちを建前にするかというと、道義を建前にする。道義を建前にすれば、功利は自らその中に入る。功利を建前にすれば、道義は逃げていってしまう。

本当の功利とは　我々はいかにすれば利かということを考える。そうすると人間はみな利害関係が違いますから、利のことばかり考えておったら、自分自身でさえ二進《にっち》も三進《さっち》もゆかなくなってしまう、必ず矛盾に陥る。だから利己主義というものは利口なようで、意外に早く行き詰まってしまうものです。

それは「利」というものは「誼」の中から出てくるもので、「利」は本体ではないのです。「誼」が本体であるということを表わすために、これを強く表現するために、表現手段としてはどうしてもこういうことになる。これを否定などと考えていたら大間違いであります。

「利」が建前で真理であるならば、功利を以て成功しそうなものであります。ところが、みな功利を追ってだいたい失敗しております。そのようにして失敗した結果が、「義」があるということに到達し、認識するに至ったのであります。そうしてこそ初めて、ここから出てくる功利が本当の功利です。

四、「道・徳・功・力」

だから我々の人生にはだいたい四つの範疇があるのです。それは、この宇宙が成り立っている本体が「道」で、その「道」が人間に発して「徳」になる。その「徳」が我々のいろいろな社会活動になる。その社会活動を「功」という。これは人間を動かす「力」である。この道・徳・功・力というのが人間活動の四つの範疇です。

「造化」　「道」というものはどういう働きをするかというと、知らず識らずのうちに物を変えてゆく、化してゆく、作用を及ぼしてゆく、これを「造化《ぞうか》」という。「徳」というものは、自然に人の手本になる。そういう意味で教・徳教、教というものは「效《なら》う」で、

「人が則《のつと》り効うところとなる」という意味です。「功」というのはそれによっていろいろの生活活動を促進してゆくことができる。これを「利」という。あるいは勧業銀行の「勧」です。「力」の作用は率（ひきいる、したがわせる、統《す》べる）です。行為というものはここから出てこないと本当ではないが、なかなか出てこない。だから功利よりは徳利の方がよい。

私はいつも感心するのだが、酒を入れる徳利というものは、よほど凝った道楽学者がつけたものだと思う。どんなけちんぼうでも酒だけは美味《うま》いといって人に飲ませる。異常なけちか達人でなければ、一人で飲むことを楽しまない。そうでなければやはり友達が欲しい。けちでも酒だけは人に分かつという意味で「酒徳頌《しょう》」（晋《しん》・劉伶《りゅうれい》。竹林の七賢人の一人）という文章がありますが、そういう入れ物を徳利という。実に上手につけたものだと思います。

功力よりも徳力の方がはるかによい。それよりも道力の方がよい。したがって功も単なる功ではないので、徳功、そして逆にすれば功徳、功の根柢に徳がある。これは近頃言うような道徳ではなくて、非常に根本的なもの。いろいろの仕事をして人間生活を促進することも結構ですが、その根本には徳力というものがなければならない、造化というものがなければならない。しいて言うならば、いわゆる道徳は徳教の本体として、宗教というものは造化を使命としている。社会事業というものは「功」、これが堕落してくると万事

「力」で引っぱってゆこうとする。今日のソ連・中共のごときはこれです。しゃにむに大土木建設などをやっている。それが道徳的に批判されるものだから、そこでそういうものはなくしてしまえ、歴史・古典・本来の哲学などというものはみな抹殺してしまえ、中共が政権をとった日から歴史をつくるというわけです。そうして反対の人間は洗脳してしまう。だが、いくら力を以てしても道徳は許さない。だから将来必ず破綻を生ずることは明白であります。

> 天子《てんし》より以《もっ》て庶人《しょじん》に至るまで、壱《いつ》に是《こ》れ皆《みな》身を脩《おさ》むるを以て本《もと》と為《な》す。其《そ》の本乱《もとみだ》れて末治《すえおさ》まる者《もの》は否《あら》ず。其の厚《あつ》き所《ところ》の者薄《うす》くして、其の薄き所の者厚きは、未《いま》だ之《こ》れ有《あ》らざるなり。
>
> 自天子以至於庶人、壹是皆以脩身爲本。其本亂、而末治者否矣。其所厚者薄、而其所薄者厚、未之有也。

《上は天子から下は名もなき庶民にいたるまで、すべて身を修めることを以て第一の本務とする。身（本）が修まらないで、家・国・天下が治まるようなことは決してあり得ないことである。次に「厚き所」とは家である、「薄き所」とは国・天下に該当する。そもそも人間の愛情は、身近な家族に対する恩愛の情こそまず厚かるべきで、家族にくらべると疎遠な国・天下の人々に対する情誼は薄くなるのが自然の人情というものである。しかるに身近な家族には薄情でありながら、家族より疎遠なはずの国・天下の人への情誼を厚くするのは、順序が逆である。そのようなことで国・天下がよく治まるということは、古《いにしえ》からその例《ためし》がないことである》

これを読んで非常に感奮したのが有名な中江藤樹《なかえとうじゅ》であります。そして人間はやはり致知格物、即ち法則というものがあって、その法則に従わなければならない。それに従って、先後するところを知り、本末をわきまえなければならない。厚いところは厚く、薄いところは薄くする「厚薄の弁（区別）」というものが必要であります。

以上で『大学』の本論は終わったのでありまして、実は『大学』はもうこれでよろしいのであります。その後は適切な文献を補註の意味で付け加えてあるにすぎないのであります。

第三章　三綱領・八条目の典拠

一、「明徳を明らかにする」の文献

康誥《こうこう》に曰《いわ》く、克《よ》く徳《とく》を明らかにすと。太甲《たいこう》に曰く、諟《こ》の天《てん》の明命《めいめい》を顧《かえり》みると。帝典に曰く、克く峻徳《しゅんとく》を明らかにすと。皆自《みなみずか》らを明らかにするなり。

康誥曰、克明徳。太甲曰、顧諟天之明命。帝典曰、克明峻徳。皆自明也。

《『書経』の康誥篇に「国を治めるには先ずわが身を修めなければならない。そのためには、克《よ》く（つとめて）身に備わった明徳の曇りを払って、本来の美しさを発揮しなければならない」とある。同じく『書経』の太甲《たいこう》篇にも、殷《いん》の名宰相・伊尹《いいん》の言葉として「天子の位に在るものは常にきびしく反省し、天命に背いてはならぬ」とある。また『書経』の開巻第一篇の帝典（尭典《ぎょう》）にも、古《いにしえ》の聖天子・尭帝みずから「克く峻徳《しゅんとく》（高く大いなる徳）を明らかにした」と述べられている。このように唐虞《とうぐ》三代の天子は、みな自ら明徳を明らかにしようと努めたのである》

「康誥」は、『書経』の中の一篇で、周《しゅう》の武王《ぶおう》（殷の紂《ちゅう》王を討ち天下を統一。周の祖）が弟の康叔を衛《えい》の国に封ずるときに与えた言葉を録したもの、「太甲」は商《しょう》（殷の旧称）の名宰相・伊尹が王様の太甲に告げた言葉。また「尭典」には「克く峻徳を明らかにす」とある。

二、「新民」の典拠

湯の盤銘に曰く、苟《まこと》に日に新たなり。日日に新たなり。又《また》日に新たなりと。康誥《こうこう》に曰く、新民を作《おこ》すと。

湯之盤銘曰、苟日新、日日新、又日新。康誥曰、作新民。

《殷の始祖であった湯王は、毎日沐浴《もくよく》の水を容れる盥《たらい》に自戒の銘を彫りつけていた。銘に曰く「苟《まこと》に日に新たなり。日々に新たなり。又《また》日に新たなり」。苟の字、日の字、又の字、殊に味がある。中江藤樹《なかえとうじゅ》は、日新の工夫は「間断あるべからず」と説いている。「康誥」に

「新たにする民を作《おこ》せ」とある。「作す」とは鼓舞激励することで、人民に革新の自覚を奮い起こすことである》

人間は時々刻々に変化して進歩してゆかねばならない。常に旧来の陋習《ろうしゅう》を去ってゆかねばならない。この言葉があるので、「古本大学」の「親」という字を朱子《しゅし》は「新」の字になおしたのであります。

> 詩に曰く、周は旧邦と雖《いえど》も、其の命維《めいこ》れ新たなりと。　詩曰、周雖舊邦、其命維新。

「維新」と「革命」　周はずいぶん旧い国であるが、その命は常に新たである。如何なる場合も古びるということはない。常に「日新」である。ここから「維新」という言葉が出ているのであります。維新に対して「革命」という言葉は、易の革の卦から出ております。

我々の肉体も同じことで、本当に健康というものは常に我々の生命の新たなる状態、たえず活発に創造・変化の行なわれている状態、すなわち生命が維新であります。その生命の働きのどこかに故障を生ずると、いわゆる疾病になる。それがはなはだしきに至れば、ここに外科的手術を必要とする。つまり「維新」というのは「たえざる創造」であります。その機械が衰えてくると、どうしても生命の飛躍を要する。非常の対策を講じなければならぬ。そこに革命が生まれてくる。

だから東洋政治哲学でいえば、維新は順命であり、革命は非常の命であります。革命はめでたくない、やむを得ざること。でき得るならば、革命よりは維新でゆかなければならない。だから日本の歴史のように順当に進んで来ている国体では、革命という言葉を嫌って、見つけたのが維新という言葉であります。だから明治革命、大化革命といわずに、それぞれ明治維新、大化の改新というのであります。これは日本に限らず、世界のいかなる国も、できれば革命よりは維新でゆくべきであります。

維新は訳語でいえば、evolution、革命は revolution であります。したがってこの訳語を見てもわかるとおり、維新の方がより自然であり、より道徳的であります。

道徳の本義　道徳というものは、非常に誤解されておりますが、その本義は、単なる動物的生活ではなくて、意識・精神・霊魂を持った高級な人間の生命活動をいうのであって、道徳によって初めて人間は存在し、生活し、発達することができる。肉体で言うならば、飲食や呼吸と同じことであります。したがって生命を抑圧したり、一つの型にはめたりするのは決して道徳ではない。だから道徳的なものほど革命よりは維新的であるべきであります。

是《こ》の故に君子は其の極《きょく》を用いざる所なし。　　是故君子無所不用其極。

《それゆえに政治の局に当たる指導者（君子）は、宇宙人生を支配する根本的原理原則を徹底して思索し、これを活用してゆかねばならない》

極は究竟《くきょう》、つきつめた原則、最も創造的な究極概念をいうので、中途半端な姑息《こそく》的なことでは片づかない。この『大学』の教えるところは、我々が徹底した思索、宇宙人生の根柢的原理に立って、その極致を活用するのであります。「その極を用いざる所無し」。徳の極、道の極、政治の極、道徳の極致をつきつめて、そうしてこれを活用してゆくのでありますこれがいわゆる立極（道徳の標準を立てる）であります。中途半端な妥協や瞞着でごまかしてゆくから、どうにもならない頽廃や破壊が行なわれる。

三、「至善に止まる」の参考文献

詩に云う、邦畿《ほうき》千里、惟《こ》れ民《たみ》の止《とど》まる所と。　　詩云、邦畿千里、惟民所止。

五服　「邦畿」という言葉は非常に大事な言葉で、近畿地方というように今も生きております。漢民族に「五服」という思想がありますが、王者の存在している地域、これは即ち都で「畿内」と申します。これにすぐ接するところを「甸服《でんぷく》」、その次は大名という侯になって「侯服」、文化が及んではいるけれども、甸服・侯服に比すればよほど田舎に当たるところを「綏《すい》服」、安ずると言う意味であります。その外を「要服」と言い、最も野蛮なところを「荒服」という。全く文化の及ばない処を「化外《かがい》」という。漢民族は自分の文化を中心に、それの及んでいる厚薄・濃淡に従って世界を分類したのであります。

要するにこれは、自分たちの理想精神を化外にまで弘めて、それによって人類を救うという、一種のメシヤ思想を多分に持っております。清朝《しんちょう》が衰退して以来、漢民族はこのメシヤ思想を失ってまいりました。これに対して、革命以来独特のメシヤ思想を発展させてきたのがソ連であります。ソ連は昔、イワン大帝、イワン三世あたりから、つまり東ローマ帝国滅亡とともに、イワン三世は「世界人類を救う正義の光はわがロシアから発する」と言って「ロシア第三ローマ帝国」と称した。これはロシア民族の信念となり非常な誇りになってきておったのですが、これも長い間の帝政時代の虐政で、いつしかその情熱の火も消えてしまっておりました。それがスターリンの執権以来また生き返って来ておるのでありました。これに刺戟されて、中共もまた、かつてのメシヤ思想を回復してまいりました。

八紘一宇　日本も終戦以前は八紘一宇《はっこういちう》などといって、久しぶりに民族の情熱を沸かしたのですが、これはややヒステリーというか、中庸を得ていなかったためにもろくも失敗してしまいました。「八紘一宇」についてはみな誤解しておりますが、あれは世界を一つに征服するということではないので、紘という字は冠や種々のものを頭に結ぶ紐という意味で、バラバラの世界を理想の紐でつなぐということ。一宇は一つ屋根の下というのですから、世界を一つの家にするという家庭思想、これもやはり一つの救済思想で、決して恥ずべき言葉ではありませぬ。だがこのメシヤ思想も今度の敗戦ですっかりなくなってしまいました。

人間が発展するのは煩瑣なイデオロギーなどではないので、永遠の理想精神に燃えあがらなければ発達しない。華厳の哲学に焔慧《えんえ》という言葉があります。冷静な知では駄目でありまして、人格の情熱、理想の情熱の焔に燃えて出てくる知慧でなければ、人間を救うことができない。単なる冷静な批判的な知性では人間をどうすることもできない。したがって、この文化のすぐれたるところが民衆生活の安定するところである、民衆が落ち着いた生活を楽しめるところである、というのが「邦畿千里惟れ民の止まる所」であります。

詩に云う、緡蛮《めんばん》たる黄鳥《こうちょう》、丘隅《きゅうぐう》に止《とど》まると。子曰く、止まるに於て、其の止まる所を知る。人を以て鳥に如《し》かざる可《べ》けんやと。

詩云、緡蠻黄鳥、止于丘隅。子曰、於止、知其所止。可以人而不如鳥乎。

《『詩経』小雅の緡蠻《めんばん》篇に曰く、「美しい声で鳴く黄鳥（鶯《うぐいす》の一種）は山の隅の人が立ち入らぬところに止まる」と。孔子曰く、「黄鳥は止まるところを知っている。人もまた止まるべきところがある。これを知らねば鳥にも劣るであろう」と》

緡蛮たる黄鳥というのは、日本では鶯を黄鳥と言いますが、ここは鶯でもない、まあ春の鳥でありますが、それが小高い丘の辺《あた》りに春を告げる鳴声がする。これは平和の象徴であります。この詩は中江藤樹先生も大好きで、よくこれを引用しておりますが、それはともかくとして、「其の止まる所を知る」――鳥でもどこにいって安んずべきか知っている。いわんや人間はどこに落ち着くべきか、到達すべきかということを最もよく知らなければならない。何が人類の真の安寧であり、幸福であるかということを人間が知って、これを実現できないというのは、人にして鳥に如《し》かず、というのであります。鳥でも平和を愛好しておるのに、人間はいつも闘争ばかりやっている。こういう考えのこもった一説であります。

詩に云う、穆穆《ぼくぼく》たる文王《ぶんのう》、於緝熙敬止《ああしゆうきけいし》すと。人君と為《な》っては仁に止《とど》まり、人臣と為っては敬《けい》に止まり、人子と為っては孝に止まり、人父と為っては慈《じ》に止まり、国人と交《まじわ》っては信に止まる。

詩云、穆穆文王、於緝熙敬止。爲人君止於仁、爲人臣止於敬、爲人子止於孝、爲人父止於慈、與國人交止於信。

《『詩経』大雅の文王篇に云う、「その徳が深遠で測りがたい文王は、ああ、光り輝いてやまず、悠々として敬虔《けいけん》であられた」と。人君としては民衆に仁愛を加えるのが止まるところ、人臣としては命を受けて職分をつくすのが止まるところ、子は親に孝をつくすのが止まるところ、親は子を慈《いつく》しむのが止まるところ、国民と交われば信をつくす、これみな止まるところである》

「於緝熙敬止《ああしゆうきけいし》」これも昔からやかましい言葉で、緝《しゆう》という字は連続・統一・永続を表わす文字、熙《き》は光り、楽しむ、光明を表わす文字、敬は我々の精神の向上に向かって統一されている状態、敬う、つつしむ。穆穆《ぼくぼく》は非常に徳のある、内容の豊富なこと。そういう文王には雑駁な、刹那的な場当たり的なところは一つもない。常に変わらず明るくて、敬虔で悠々おちついている。これは「止」に関する参考文献であります。

切磋琢磨

詩に云う、彼の淇《き》の澳《いく》を瞻《み》るに、菉竹猗猗《りょくちくいい》たり。斐《ひ》たる君子有《くんしあ》り。切《せつ》するが如く、磋《さ》するが如く、琢《たく》するが如く、磨《ま》するが如し。瑟《しっ》たり、僴《かん》たり、赫《かく》たり、喧《けん》たり。斐《ひ》たる君子有り。終《つい》に諠《わす》る可《べ》からずと。

詩云、瞻彼淇澳、菉竹猗猗。有斐君子。如切如磋、如琢如磨。瑟兮、僴兮、赫兮、喧兮。有斐君子。終不可諠兮。

《『詩経』の衛風・淇澳篇に云う、淇水《きすい》の隈《くま》を眺めると、緑の竹が美わしく茂っている。あざやかに美わしい（斐たる）君子は、切磋琢磨《せつさたくま》の功を積んで、おごそかで（瑟）心寛《ひろ》く（僴）、明るく輝いている。あざやかにも美わしい君子は、終生忘れられぬ》

かの淇水の辺りを見るに、竹が美しく茂って、そこには人格、教養の輝いている君子がある。それがみなお互いに師友相俟って切磋琢磨している。「瑟たり、僴たり、赫たり、喧たり」は、その切磋琢磨から生ずる人格の相を表わす形容詞であります。喧は『詩経』

では晅《あきらか》になっていて宀はない。喧は明らかに誤字であります。要するに人格の出来た人の形容詞。

切するが如く磋するが如しとは、学《まな》ぶを道《い》うなり。琢するが如く磨するが如しとは、自《みずか》ら脩むるなり。瑟《しっ》たり僩《かん》たりとは恂慄《じゅんりつ》なり。赫《かく》たり喧《けん》たりとは威儀なり。

如切如磋者、道學也。如琢如磨者、自脩也。瑟兮僩兮者恂慄也。赫兮喧兮者威儀也。

《切するがごとく磋するがごとしとは、講習し討論する学びの道を云い、琢するがごとく磨するがごとしとは、わが身を修める道徳的努力を指す。瑟たり僩たりとは、真実の君子に接すれば、戦々兢々として戒懼してやまない。赫たり喧たりとは、威儀すなわち外に現われる態度・風貌に威厳があって、礼節に中《あた》り堂々たるありさま、人はこれを儀《のり》（法）とするのである》

瑟僩《しっかん》というのは恂慄《じゅんりつ》（おそれおののく）である、というとなんだかおびえるように思うが、これは人格の威厳から受ける我々の緊張感を表わす文字であります。出来た人はなんとなく威厳があるもので、そういう人に会うと身体が引き締まる。あまり威厳が高いと確かにふるえる。赫喧《かくけん》は威儀のことであります。

斐《ひ》たる君子有り。終《つい》に諠《わす》る可からずとは、盛徳至善、民の忘るる能《あた》わざるを道《い》うなり。

有斐君子。終不可諠兮者、道盛徳至善、民之不能忘也。

《「斐たる君子あり、ついに諠るべからず」とは、その徳があまねく光被し（盛徳）、心身家国天下によく行きとどいた（至善）君子に対して、人民がその徳を思慕して片時も忘れられないことをいう》

詩に云う、於戲《ああ》、前王忘られずと。君子は其の賢《けん》を賢として、其の親《しん》に親しむ。小人《しょうじん》は其の楽しみを楽しんで、その利を利とす。此《ここ》を以て世を没《お》えて忘れざるなり。

詩云、於戲前王不忘。君子賢其賢、而親其親。小人樂其樂、而利其利。此以没世不忘也。

《『詩経』の周頌・烈文篇に云う、「ああ前王のことが忘れられない」と。文王や武王のあとを継いだ為政者（君子）は、前王の選び用いた賢人を敬愛し、その近親者を親愛する。また庶民（小人）は、前王が遺した太平の楽しみを楽しみ、国民のために制し計られた利益を享受する。そういう次第で、文王や武王はすでに世を去られたけれども、永く忘れられな

いのである》

文王とか武王とかいうようなかつての勝れた王たちは永遠に忘れることができない。そういう時代の勝れた人たちは、永久に忘れられないのであります。

四、「本末」に関する文献

子曰く、訟《うったえ》を聴《き》く、吾れ猶《なお》人のごときなり。必ずや訟を無からしめんかと。情《まこと》無き者は其の辞を尽くすことを得ず。大いに民の志を畏《おそ》る。此《これ》を本《もと》を知ると謂《い》う。

子曰、聴訟吾猶人也。必也使無訟乎。無情者不得盡其辭。大畏民志。此謂知本。

《孔子がいわれた。「訴訟を聴くことは、私も別に人と変わったことはない。ただ特に念願するのは、世の中から訴訟ごとを根絶させたいということだ」。そのためには、為政者みずから、誠意を以て臨めば、情《まこと》のない者も、白を黒と言いくるめるような虚偽の弁辞をつくすことができなくなり、大いに人々が畏《おそ》れかしこんで、自然に訴訟などしないようになる。これを本《もと》を知るというのである。

＊この結句について山田方谷《ほうこく》（幕末の備中松山藩＝板倉藩の参政）は次のように説いている。「本とはすなわち誠意なり。情は誠なり。訟を聴くもの仁義の誠なくば、下《しも》また虚偽を以て

これに対せん。孔子の言は、己れの誠を以て人を服するに外ならず。これぞ本を知る者と云うべし。されどこれ独《ひと》り訟のみならず、家国天下みな同様なり云々」》

五、「意を誠にす」の参考文献

所謂《いわゆる》其《そ》の意を誠《まこと》にすとは、自ら欺く毋《な》きなり。悪臭を悪《にく》むが如く、好色を好むが如し。此《こ》れ之《これ》を自謙《じけん》と謂《い》う。

所謂誠其意者、毋自欺也。如悪悪臭、如好好色。此之謂自謙。

《経文にいうところの「意を誠にす」とは、自らが自分の心を欺かぬことである。それは悪臭を悪《にく》み、美しい色を好むようなもので、人間に備わった自然の情である。したがってそれは自分に対して正直な感情であるから、自ら謙《あきた》る（満足する）のである》

造化の働きを「命」という

「誠意」とは自らが自らを欺かないということである。

自謙の謙は慊でも同じで、こうと読んでもよろしい。これもよく論議される大事な言葉であります。この造化《ぞうか》の働き、大自然の働きは絶対であるが、己れ自らに謙りて、即ち自謙して、なんら他に求めるところがない。何によって、何のためにというのは人間の考えることであって、造化の働きは決して相対的なものではない。造化は自謙であり、絶対である。必然にして十分であります（「造化」について七九、一二〇頁参照）。その働きを「命」という。これは法則そのものであるから違反することができない。そこで我々にそういう絶対的性質をもったものを命令と称する。

命（みこと）　我々の人格というものは、地位とか、財産とか、名誉とかによって存在する非常に相対的、末梢的な存在であるが、人物が出来てくるほど、そういう相対的な支配を受けずに、次第に絶対的になるわけであります。世俗的ななにものを奪っても、なおかつ毅然として存するところがある、というのが本当の人格、道人であります。

お釈迦さまの出家・成道《じょうどう》（悟りを開くこと）も、そういう世俗的なものに対する不安が大きな原因をなしている。西郷南洲のいわゆる「名誉もいらぬ金もいらぬ、始末に困る人間」でないと駄目であります。なんと非難されようが迫害されようが、少しも動揺しない絶対者、神道ではこれを「命《みこと》」という。そういう人が尊いから、尊という字をみことと読む。

そういうように自己を絶対者にするということは、自分自身純一になるということで、換言すれば、それが「其の意を誠にする」ということであります。これは道の本体、徳の本体であります。それは「自ら欺く毋きなり」で、その本体を欺いて、人間は常に不安不満の生活に惑っているのであります。

君子は必ずその独を慎む

故に君子は必ず其の独《どく》を慎《つつし》むなり。　故君子必愼其獨也。

絶対的な自己　「独」の意味に二つあります。一つは他に対する「孤独」の意味。今一つは「絶対」という意味で、大事なのは絶対の方であります。「独立」ということは他国の支配を受けずに、その国家が「絶対者として立つ」ことです。「慎独」ということは「孤独の自分」ではなくて「絶対的存在」、人が見ていようが見ていまいが、自分自身を絶対化することを慎独というのであります。「独自」とは「絶対的な自己」ということ、即ち世俗的な地位や名誉などに少しも乱されない、即ち自ら成り立つこと。「独善」という言葉は、本来は「独りよがり」という意味ではないので、つまり「世間の人間がいかに生きようが、自分だけはあくまでも善に生きる」ということです。

諸悪莫作、衆善奉行　「意を誠にする」——即ちそれが「善」であります。これは道徳の本体でありますが、ちょうど悪臭を悪《にく》むがごとく、好色を好むがごとく、生理現象と同じようなもので、「諸悪莫作《まくさ》、衆善奉行」であります。これは、〈もろもろの悪は作《な》す莫《なか》れ、もろもろの善を奉行せよ〉ということではあるけれども、単に「衆善を奉行せよ、諸悪は作す莫れ」というのでは浅い。衆善は奉行せらるべきもの、自然に行なわるべきもの、諸悪というものはなすなきなり、人間本来できないもの、それを人間が強いてする。悪そのものは元来できないもの、善というものは自然に行なわれるもの、それを人間が行なわない。嘘というものはつけないのが本当、それを人間がつくのである。人間がつこうがつくまいが、嘘というものは必ずよくない。その証拠に嘘をついてみるがよい。利口になったら嘘はなんぼでもつけると思うが、二、三度つくと必ずつけなくなる。あいつは嘘つきだというわけで、すぐ信用がなくなってしまう。それと同じことで、「利」も、人はみな「利」を追求するけれども、それなら追求する者はみな利に達するかというと、全く反対です。利己主義者にしてどれだけいったい成功しているか、長い目で見るとみな失敗している。

私の友人に満鉄に永く勤めた人がおりますが、これがまた非常なマージャン狂で、この人がいつかこういう話をしておりました。自分は満洲におること四十年、その間たいへんなマージャン道楽をした。そうして気がついてみると、そのマージャンから得たものは、何もなくて、ただ健康を害し、家庭を乱しただけであった。ずいぶんと大きいカケもやったので、仲間の誰かが儲けているだろうと調べてみたが、誰一人儲けた者がいない。永い目で見ると実際そういうものですね。真理は覆うべからざるもの。

だから私はいつも、我々が物事を考えるについての三原則というものを力説するのです。つまり、できるだけ目先にとらわれないで、長い目で見ること。一面にとらわれないで、多面的に、できるならば全面的に物を見る。枝葉末節にとらわれないで、根本的に見てゆくこと。この三つは物事を考える上に欠くべからざる大事な原則であります。

小人間居して不善をなす

小人間居《しょうじんかんきょ》して不善を為《な》す。至らざる所なし。　小人閒居爲不善。無所不至。

《人間というものは、ひまで他人の目が及ばないと（間居）、ろくなことを考えず、どんな善からぬことでもやりかねない》

これも有名な言葉ですね。全く小人《しょうじん》というものは間居すれば不善をなす。ところが、

君子を見て、而る后厭然《のちえんぜん》として其の不善を揜《おお》いて、其の善を著《あらわ》す。

見君子、而后厭然揜其不善、而著其善。


厭然は自分が自分でうんざりすること。

あんぜんと読む場合は、沈没する、沈溺するという意味になる。この場合は嫌になる意味ですから、えんぜんと読むべきであります。

小人は平生はいい気になっているから、勝手放題なことをやっておりますが、一度本当の人、即ち君子に出会うというと、小人もやはり人間でありますから、その内に蔵されている良心が働いて、そのために自分が嫌になって、思わず自分の不善をおおうて、自分に潜在する善を出すようになる。

富は屋を潤し、徳は身を潤す

人の己《おの》れを視《み》るや其の肺肝を見るが如く、然《しか》り。則ち何をか益《えき》せん。此《こ》れ中《うち》に誠《まこと》あれば外《そと》に形《あらわ》ると謂《い》う。故に君子は必ず其の独を慎むなり。（「然り」は「然らば則ち」としてもよい）
曾子曰く、十目《じゅうもく》の視る所、十手《じゅうしゅ》の指《ゆびさ》す所、其れ厳なるかなと。富《とみ》は屋《おく》を潤《うるお》し、徳は身を潤す。心広《こころひろ》く体胖《たいゆた》かなり。故に君子は必ず其の意を誠にす。

人之視己、如見其肺肝然。則何益矣。此謂誠於中形於外。故君子必愼其獨也。

曾子曰、十目所視、十手所指、其嚴乎。富潤屋、德潤身。心廣體胖。故君子必誠其意。

《人間は自分のことはよくわからないが、傍目八目《おかめ》というように、他人からみると肺や肝臓を見透すように明らかである。だからいくら表面をつくろっても何にもならない。これを心の中に誠があれば、それは形となって外に現われるというのである。だから君子は、人が見ていようと、いまいと、独を慎しむのである》

《曾子は「衆目の視るところ、十人が十人まで指摘するところは厳粛なものがある。いかに表面を取りつくろっても隠しおおせるものではない」といっている。それはあたかも家に富を生じてくると、なんとなく潤いと澤《つや》を生じてくるように、人間も内に徳を積むと、しっとりとした潤いを生じてくるものだ。したがって「心広く体胖《ゆた》か」である。それは俯仰天地に恥じぬ気象であり、凝《こ》り固まったところなく、ゆったりとして悠揚迫らぬ挙措《きよそ》となるのである。故に君子は「意を誠にする」工夫を怠ってはならないのである》

これらは典拠となる文献の羅列であります。「人の己れを視ること其の肺肝を見るが如し」で、「則ち何をか益せんや」。人間というものは自分をよく見せようといろいろやるが、ちゃんと他人には判《わか》るもので、いくら表面を飾って、つけ加えたところで何にもならない。

すべて顔に書いてある　人相でもそうです。いつかもお話をしたように、人間の面の皮などというものは、風雨にさらされて鈍感なものに思われがちだが、実際は顔面の皮ほど敏感なものはない。われわれの体内のあらゆる器官、機能の末端部がすべてこの顔面皮膚に集まっている。即ち過敏点で埋まっておる。その過敏点を結ぶと過敏帯になる。そういう点と線とが詳しく東洋の人相の書物にある、というのでベルリンの医大では盛んに東洋の人相の書物を研究している。相者（人相を見る人）は顔を見て、その血色、神色を見るのです。なんでもみな顔面に出る。実に面の皮というものは恐ろしいもので、顔に書いてあるということは実に科学的真実であります。私は胃が悪い、あるいは私は馬鹿です、欲深です等々、生理も心理もすべて顔面に出ている。しかもそれは単に点と線だけではなくて、呼吸にも、匂いにも、色にもみな出ているのです。

だからこれも前にお話ししましたが、呼吸と毒素の関係、即ち冷却装置をつくって、我々の息を吹き込むと、液化されたその息には、その時その時の精神状態によってそれぞれ違った色がつく。その色の表がアメリカの専門家によってつくられております。殺人犯などの息は毒々しい栗色褐色を帯びている。そのうえ非常な毒素をもっている。だいたい立腹するときには一番猛毒を出すようです。そういう立腹しやすい人はよくガンになる。肝臓ガン、膵臓ガンなどそういう人に多い。毒気充満しているわけです。このように我々の吐く息はみな色を出しているが、息ばかりではありませぬ。顔もその時その時の精神状態によって色が千変万化しております。だから色を二万通りも見分けるという西陣の染色工のように、そういう洗練された目で我々の顔を見たならば、全部はっきりとわかるわけであります。

リンカーンの名言

ところが幸いなことに、たいていの者の目は節穴のようなものだからわからない。本当に目のある人が多ければ、我々などは大きな面して歩けない。だから「どの面下げて俺のところへ来たか」ということは、「俺の目を節穴と思うか」ということです。リンカーンは親友から頼まれた求職者を採用しなかった理由に、その人間の面が気に入らぬと言ったという。そこで親友が、「大統領ともある人が人の面を云々するのはけしからぬ」といって非難したところ、「男は年の四十にもなれば自分の面に責任がある」と彼は言ったというが、これは確かに名言です。実際そうで、お互い我々の年になると自分の面に責任がある。全く見る人から見れば、「其の肺肝を見るが如く然《しか》り」であります。白粉つけて着物を着てみたところで、知識や理屈をふり廻したりしたところが、何をか益せんや――『大学』のとおりであります。

六、「正心・脩身」の典拠

所謂《いわゆる》身を脩《おさ》むるは、其の心を正しくするに在《あ》りとは、身《こころ》忿懥《ふんち》する所あれば、則《すなわ》ち其の正を得ず。恐懼《きょうく》する所あれば、則ち其の正を得ず。好楽する所あれば、則ち正を得ず。憂患する所あれば、則ち其の正を得ず。心《こころ》焉《ここ》に在らざれば、視《み》れども見えず。聴《き》けども聞えず。食《くら》えども其の味を知らず。此れ身を脩むるは、其の心を正しくするに在りと謂《い》う。

所謂脩身在正其心者、身有所忿懥、則不得其正。有所恐懼、則不得其正。有所好樂、則不得其正。有所憂患、則不得其正。心不在焉、視而不見、聽而不聞、食而不知其味。此謂脩身在正其心。

《いわゆる「身を修めるには先ずその心を正さなくてはならない」とは、どういうことであろうか。たとえば怒りの感情が爆発したときには、心の作用の正しさがそこなわれる。同様に恐れの感情や好《す》き楽《この》みの感情、憂患《うれい》、心配事などがあれば、心は正しさを失い、したがって一身を修めるに支障を生じる。怒りや恐れ、好き楽み、心配事などのために心が本来の正しい状態を失って、中正を得なければ、ものを視ても見えず、声を聴いても聞こえず、飲食してもその味わいがわからないものである。これを「身を修むるはその心を正しうするに在り」というのである》

こういう非常にダイナミックな人間学が、東洋において発達しております。

八観六験の法

『呂覧』にはいろいろと有名な人間観察法が書かれておりますが、その中に「八観六験の法」というものがあります。

八観　第一は、「富めば則ち其の養う所を観る」。

第二に、「貴ければ（出世をすると）則ち、その挙ぐる所を観る」。あるいは「与える所」となっている本もあります。金が出来るとすぐ家を建てるとか、骨董品を買い込むとか、だいたい定まっている。出世をすると、いかなる人物を挙げるか。小人は小人を引っ張ってくる。君子は君子を用いる。

第三に、「居れば則ち其の親しむ所を観る」。平常どういう人間と親しくするか。

第四には、「習えば則ち其の言う所を観る」。習うということは、少しその仕事が手に入ってくること。そうなれば何を言うか。例えば教員になって、その生活に慣れてくると、どういう話をするか。ある人は子供の愛すべきことを言うだろう、ある人は月給の話をするだろう。そういうわけでその教員の人物がだいたい判る。

第五に、「止まれば則ち其の好む所を観る」。「止まる」は「至る」である。板につくといってもよい。そうすれば何を好むか。教員ならば校長になって一応止まったわけです。するとと何を好むか。酒を飲んで勢力家等の家を廻る者もいるだろうし、威張りくさってときどき我儘をやることを好む者もいるだろう、また本当に部下の教員や子供たちを好んで、いわゆるいい校長さんとなる者もいるでありましょう。

第六に、「聴けば則ち其の行なう所を観る」。知行がどれだけ合一するか、なんでもないことのようでなかなか複雑微妙であります。私は何十年来、欠かさずに毎朝梅干番茶を飲んでいる。猛烈な勉強と煩悶と仕事のために、若い時代には毎晩一升酒を飲んだ。その結果猛烈な胃酸過多になった。それですすめられて梅干番茶を飲むようになったのですが、それ以後ずいぶんと大酒も飲みましたが、ついに胃病を知らずにまいりました。そこで胃の悪い人にはいつも梅干番茶をすすめている。ところが十人十色ですね。そうですかと言って少しも実行しない不実行派。やってはみたが酸っぱくてかなわないと言って行なわない者、これは薄志弱行の徒です。それから、やるにはやったのですが、つい忙しくて忘れたという精神散漫の徒、それから真面目にやる人もいる。このように梅干一つで、幾種類もの人間に適用の相違のあることを私は経験しております。梅干一つで人間の人格がわかる。聴けば則ち其の行なう所を観る。なんでもないようですが、八観の大事な一要素であります。

第七は、「貧すれば則ち其の受けざる所を観る」。「貧すりゃ貪する」で、何でも欲しがる。それをどう受けないかという、受けないところが、よく人を示す。

第八は、「窮すれば則ち其の為《な》さざる所を観る」。人間はときどき窮するが、窮すると、もがいてうろたえたことをする。この時に何をしないかを観る。何をするかを観るのではない。『論語』にも、「小人窮すれば則ち濫す」（衛霊公篇）とあるが、小人というものは窮するとでたらめをやる。君子は窮して為さざる所がある。どんなに貧乏しても、志のある者は受けざる所がある、とらざる所がある。その受けざる、為さざる所を観ればよくわかる。以上が八観であります。

六験　今一つ「六験」というのがあります。これはもっぱら人間の感情の動き、情緒によって観察し、評定する。

第一は、「之を喜ばしめて以て其の守を験す」。喜ぶというのは人間の本能の満足です。本能の満足によって生ずる感情、これは最も自然である。したがって本能の満足であるから、充たされると喜ぶ、喜ぶとだらしがなくなる。ところが人間は社会生活、道徳生活をするものですから、自ら守る所というものがある。そこから逸脱することは許されない。

第二は、「之を楽しましめて以て其の僻を験す」。喜ぶと楽しむとは違う。喜ぶというのは本能的感情、楽しむというのはこれに理性の加わった場合をいう。例えば、絵画を楽しむとか、学問を楽しむとかいうように、本能に理性の加わったのが楽しむ。「仁者は山を愛し、知者は水を楽しむ」などという。だから楽しむというのは理性が加わるのですから、人間相応に教養というものがあるわけです。知識だとか教養だとかいって、人はその好む所に入って僻するということがある。そうすると人間はどうしても楽しむ所へ偏向する。その偏向の仕方を見て、その人物がいかに中庸の人であるか、偏人・僻人であるかわかる。どうも人間というものは、馬鹿は馬鹿なりに、利口者は利口者だけに僻するものです。

第三に、「怒らしめて以て其の節を験す」。怒るというのは感情の爆発です。怒ると、しめくくりをなくする。だから怒らしめて節の力、抑制力があるかないかを見るのです。

第四に、「懼れしめて以て独《どく》を験す」。圧迫されると意気地がなくなり、独立性・自主性を失ってしまう。すぐに屈服する。

第五に、「苦しましめて以て其の志を験す」。人間は苦しくなると現実的に妥協する、即ち理想を失う、忍耐力がない。だから苦しましめて、どれだけ本当の理想追求力（志）があるかを験する。

第六に、悲しみという感情がある。これはその人の全体、人柄というものを直ぐ表わす。「これを悲しませて以てその人を験す」。以上が六験であります。これだけ見れば人間はだいたいわかる。こういう勤務評定もあるのです。

今はそういうことはなくなったが、昔、明治・大正時代には、三菱は重役をとりたてるのに面白いことをやりました。平社員はそうでもないが幹部社員になって、やがて重役にでもしようかという人物は、酒が飲めなければ、よほどの傑物でないと重役にはなれない。酒も飲めないという人間では及第しない。ご承知のように土佐っぽは気が荒くて大酒飲みが多い。もともと三菱の岩崎家は土佐の出身ですから、みな飲み手がそろっている。だから酒をうんと飲ませて、酔って醜態をやれば落第、なんぼ飲んでも酔わないという人間であって、初めて重役候補に及第する。我々の親しくした重役たちも皆よく飲みました。三菱の出身(総理事)で満鉄の副総裁をした江口(定條)老人などは、実に八十になってなお一升酒を飲んだ。決して悪酔いのしない人であった。夜中の十二時、一時頃によく呼びに来られて、私もずいぶんと困らされたのですが、この人などは若い時に岩崎の主人から飲まされて、酔うわけにはいかぬ、飲まぬわけにはいかぬ、その修業くらい難しいことはなかったといっておりました。これも確かにいい観察法です。勤務評定の参考にはなると思います。飲まされると嬉しくなって、守りを失いやすい。だから検査するのに都合が好い。まあそういうもので、その肺肝を見るがごとくしかりであります。だから何ぞ益せんやで、結局、人間は学問修業すれば間違いない。

七、「脩身・斉家」の典拠

所謂《いわゆる》其《そ》の家を斉《ととの》うるは其の身を脩《おさ》むるに在《あ》りとは、人《ひと》其の親愛する所に之《お》いて辟《へき》す。其の賤悪《せんお》する所に之いて辟す。其の畏敬する所に之いて辟す。其の哀矜《あいきょう》する所に之いて辟す。其の敖惰《ごうだ》する所に之いて辟す。

所謂齊其家在脩其身著、人之其所親愛而辟焉。之其所賤惡而辟焉。之其所畏敬而辟焉。之其所哀矜而辟焉。之其所敖惰而辟焉。

《いわゆる「家を斉えるには先ずその身を脩《おさ》めなければならない」とはどういうことか。この章は対人関係を説いているが、「辟」とは一方に偏《かたよ》り、対応が中正を失うことである。人間はとかく親愛するものに対しては過度の愛情に溺れがちである。逆に賤しみ悪《にく》むものに対しては露骨に賤悪《せんお》すべきではない。美点は認めてやるべきである。平生恐れ入って畏敬する人に対しても、畏敬一方に偏してはいけない。言うべきことは敢えて言わねばならない。ふだん哀れみ不憫に思う者に対しても、甘やかしすぎてはいけない。おごりおこたり（敖惰）がちな相手に対しても、優越感からむやみに軽侮してはならない》

矜をよくきんと読みますが、本当はきょうと読みます。だから矜持もきんじと読むのは間違い、きょうじであります。

「其の敖惰する所に之いて辟す」これは六験の第二番目、「之を楽しましめて以て其の辟を験す」でお話ししたことで充分であります。

> 故に好んで其の悪《あく》を知り、悪《にく》んで其の美を知る者は天下に鮮《すくな》し。
>
> 故好而知其惡、惡而知其美者、天下鮮矣。

悪《にく》みながらいいところはちゃんと認めてやることはなかなか少ない。ことに家庭においてはそうであります。家族というものは、理すなわち理性的よりは情、骨肉の関係ですから、情愛が本体とならなければならない。したがって朋友とは違う。骨肉や親族というものに対しては、あまり理性的判断や批評は好ましくない。やかましい孟子も、「父がその子に善を責めることはよくない。善を責めると子が離れる。父子の間は離れるということが一番いけない。そこからいろいろと問題が起こる」ことを諄々と論じている（二一九頁参照）。さすがわかった人だけある。どうも精神家といわれる人の家庭を見ると、よくこれがある。親父さんは立派な人で厳しく子供を躾《しつ》けているのですが、その子供や妻を見ると非常に裏表がある。みな表面だけ体裁をつくろって、裏では逆になる。精神的にも生活的にも二重になる。そしてこれを厭うという傾向がある。これは僻しているからです。道は僻すると駄目です。道徳ということは、「人情から見て僻する」ことのように思っている人が相当に多い。それは間違っているのですが、そう間違って思わせるに至った僻精神家が意外に多かったということを反省しなければならない。

故に諺《ことわざ》に之《こ》れ有り、曰く、人其の子の悪を知る莫《な》く、其の苗の碩《おおい》なるを知る莫しと。此れ身脩《みおさ》まらずんば、以て其の家を斉《ととの》う可《べ》からずと謂《い》うなり。

故諺有之、曰、人莫知其子之悪、莫知其苗之碩。此謂身不脩、不可以齊其家。

《諺にいうように、親は愛情に溺れるあまり、わが子の悪事はえてして気づかないものだ。また農夫は貪欲のゆえに、わが田の苗はよそより小さく誤認しがちである。それゆえ、わが一身さえ脩《おさ》められないで、どうして一家を斉えることができようか》

どんな不美人でも醜女でも、「お前は顔が悪い」といえば怒る。どこかいい点があると思っている。そういうようなもので、「人其の子の悪を知るなし」。その反対に欲が深いから、その苗の大きいのを知らない。その証拠にお百姓に「今年は豊作だなあ、四石くらいは穫《と》れるだろう」といってごらんなさい。「なかなかそんなには穫れん。二石か三石だ」

と必ず言うに違いない。

八、「斉家・治国」の典拠

所謂《いわゆる》国を治むるには、必ず先づ其の家を斉《ととの》うというは、其の家教《おし》う可《べ》からずして、能《よ》く人を教うる者は之《こ》れ無し。故に君子は家を出《い》でずして教えを国に成《な》す。孝は君に事《つか》うる所以《ゆえん》なり。弟《てい》は長《ちょう》に事うる所以なり。慈《じ》は衆《しゅう》を使う所以なり。

所謂治國、必先齊其家者、其家不可教、而能教人者無之。故君子不出家、而成教於國。孝者所以事君也。弟者所以事長也。慈者所以使衆也。

《山田方谷「古本大学講義」にいう、「一家一門の中、父は父、子は子たる教ができぬぐらいにて、どうして遠き疎遠なる一国の人を教へしとて治まるべきぞ。上に立つ人君が、わが一門さへ治め得ずして、威光のみを以て下を教ふれば、下の人、一旦は服すべきも、到《とう》底《てい》心服せず、永続せぬものなり。故に国を治めるには、まづ家を治め斉《ととの》へざるべからず。〝君子は家を出ずして教を国に成す〟とは、わが家がよく斉ひ、教が行届きさへすれば、外は教へずとも自然に見倣《みなら》ふを以てなり」と。わが親に事《つか》える孝を国に移せば、国君に事える所以《ゆえん》となり、わが兄に事える弟（悌）を国に移せば、長上者に事える所以となり、またわ

が子に接する慈を国に移せば、国民を治める所以となるのである》

家を出でずして教えを国に成す。これを仏教的にいうと、十如是の「如是本末究竟等」（六九頁）であります。心を正しくしてそのままに国が正しくなる。

中らずといえども遠からず

康誥《こうこう》に曰《いわ》く、赤子《せきし》を保《たも》つが如しと。心誠《こころまこと》に之《こ》れを求むれば、中《あた》らずと雖《いえど》も遠《とお》からず。未《いま》だ子《こ》を養《やしの》うことを学んで、而《しか》る后《のち》嫁《か》する者有《ものあ》らざるなり。

康誥曰、如保赤子。心誠求之、雖不中不遠矣。未有學養子而后嫁者也。

《『書経』の康誥篇に、周の武王が弟の康叔を衛に封じたとき、「国を治めるには、母が赤子を育てるようにせよ」と戒めている。民が不憫《ふびん》でたまらぬという一念から政治を行なえば、「中《あた》らずといえども遠からず」、致命的な失敗はないものである。若い娘が十分に育児法を学んで嫁入りするわけではないのに、子供が健やかに生長するのは、母が子を思う一念の誠から育てるからである》

我々が本当に意識を統一し、精神を集中すれば、非常な精神能力、知覚力、直覚力というものが出る。むしろ神秘的といえるくらいの洞察力、的中力が出るものです。私もしばしば経験するのですが、例えば何か研究に没頭して、ふと参考書が欲しくなって本屋に行ったとします。心誠にこれを求めている時には、その関係の本がすぐ目につくのです。何万冊あろうが、どんな隅にあろうがすぐ目につく。不思議なものです。ところがぶらりとひやかしに行ったときなどは、いくら本があっても何も目につかない。「何もないなあ」とよくいう。それは自分の頭に何もなかったから目に入らないのです。

あまり性教育などと大げさに騒がなくても、幾千年も前から人間はしかるべくやって子供をこしらえてきたので、わざわざ教育しなければならぬ必要もない。こういうことは公然と宣伝的にやるべきものではない。そういう点を学者たちははき違えている。

一家仁《いっかじん》なれば、一国《いっこく》仁に興《おこ》る。一家譲《じょう》なれば、一国譲に興る。一人貪戾《いちにんたんれい》なれば、一国乱を作《な》す。其の機《き》此《かく》の如し。此れ一言事《いちげんこと》を僨《やぶ》り、一人国《くに》を定《さだ》むと謂《い》う。

一家仁、一國興仁、一家讓、一國興讓、一人貪戾、一國作亂。其機如此。此謂一言僨事、一人定國。

《国民の上に立つ政治家が、身を修め家を教えて、一家の内が仁なれば、国民はその感化を受けて仁の道に振るい興る。一家みな謙譲なれば、国民も感化されて謙譲の風が興る。これに反して、もし上《かみ》一人が貪欲で背徳の行ないをするときは、国民もこれにならって乱を起こすようになる。その根元は在上者の一心の微より起こるので、それを機（キーポイント）という。これを「一言、事を僨《やぶ》り、一人、国を定む」というのである。

＊〝機〟について山田方谷は「機は喩《たと》へば鉄砲の引金《ひきがね》のごとし。こちらで、ちょっとさわれば、すぐに弾丸が飛び出す。政事も同様にて、一国の本は身に在り、身の本は一念に在り。一念の発する、すぐに向ふに響き著《あら》はれる。その仕かけは、かやうなものである」と述べている》

「機」というものもやかましい問題で、まあ、いえば大事なつぼ、勘所、ポイントです。いくら民主主義の世の中になっても、やはり「一言事を僨り、一人国を定む」ということは、全体としていえると思う。

科学でも同じこと、イギリスの有名な物理学者マックスウェルもその著書の中に書いておりますが、人間というものは自分の専門の畑にのみ没頭しておったら駄目です。いつの間にか頭が機械的に因習的になって死んでくる。たえず専門外に目を配って、それをたえず自分の専門の問題の培養にすることが必要です。実際そうで、毎朝一定の時間に起きて、型の如く飯を食べ、新聞を見て、電車に乗って、一定のコースを通って、一定の職場に出て、一定の人間に会って、だいたい同じような話をして、また同じ仕事を裁いてというように繰り返しておったら、人間は間もなく馬鹿になる。

人事の関係というものは複雑微妙で、何が関係あるのかわからない。先日も感心したのですが、ある細菌学者でバクテリアの研究を三十年もやって、しょっちゅう糞便の研究をやってきた人がいる。この人は人間の便を見れば、その人の腸のどこに傷があるとか、どういう食べ物が好きだとか、どういう性格だとかが、だいたいわかるという。人間の性格が、便になんの関係があるかと思うが、そうではないので、〝どの面下げて〟ではなくて〝どの便下げて〟といわねばならない。『大学』を研究するのに物理などなんの関係があるか、と思ったら大間違い。物理でも生理学でも天文学でも、文学でも大いに関係があるのです。その意味で、私は畑違いの学者だとか、すぐれた人々の業績にたえず注意をしております。

とにかく科学者というものは、常に普遍妥当的な法則を研究するように思っておるけれども、マックスウェルは、「決してそういうものではない、科学者は特にそういうことを見逃しやすい。シンギュラー・ポイント（特異点）というものを注意しなければならぬ」と言っている。これは、例えば大戦争を起こす一発の銃弾がある。サラエボの一発のごときは第一次大戦を惹起した。大山火事の原因を調べてみると、なんでもない一片の煙草の吸殻であることがある。また大きな喧嘩とか議会の乱闘なども、ちょっと口をすべらして、とんでもないことになる。そういうちょっとしたことが機に乗じて、「其の機此《かく》の如し」、ある機に乗ずると大きな結果を惹き起こす。科学者もその特異点をおろそかにすると、大きな失敗をしたり、破綻を生じたりする。だから、たえずこの特異点を注意しなければならない。ところが指導的地位が高くなるというと、その人の特異点は非常に高くなる。だから一言一行を慎まないと、とんでもない影響を及ぼす。まさに「一人貪戻なれば一国乱を作す」。

恕の精神

尭舜《ぎょうしゅん》天下を帥《ひき》いるに仁《じん》を以《もっ》てして、民《たみ》之《こ》れに従う。桀紂《けっちゅう》天下を帥いるに暴を以てして、民之れに従う。其の令する所《ところ》、其の好む所に反すれば民従わず。是《こ》の故《ゆえ》に君子は諸《これ》を己《おの》れに有《ゆう》して、而る后《のち》諸を人に求む。諸を己れに無くして而る后諸を人に非とす。身に蔵する所恕《じょ》ならずして、能《よ》く諸を人に諭《さと》す者は、未だ之れ有らざるなり。故に国を治むるは、其の家を斉《ととの》うるに在《あ》り。

堯舜帥天下以仁、而民從之。桀紂帥天下以暴、而民從之。其所令反其所好、而民不從。是故君子有諸己、而后求諸人。無諸己、而后非諸人。所藏乎身不恕、而能喩諸人者、未之有也。故治國在齊其家。

《古《いにしえ》の聖天子・尭舜が率先して指導すれば、万民これに従って仁を行なう。夏《か》の桀《けつ》や殷《いん》の紂のような悪王が身に暴逆を行なって天下の先《せん》となれば、人民もこれにならって暴逆と化す。桀紂のような悪王でも、民に暴逆を行なえと号令したわけではない。しかしその号令するところが、悪王自身の好むところ（暴逆）と裏腹なるが故に、民は好むところに従って号令に従わないのである。故に君子は己れに善なる徳があって、しかるのち人に善を要請し、己れの悪をなくして、しかるのち人の悪を非として禁じる。わが身に忠恕《ちゅうじょ》の徳がないにもかかわらず、口先や法令の強制で人を諭《さと》すことなどできるものではないのである。故に国を治めるにはまず家を斉えよというのである》

「恕」の意味

「恕《じょ》」という文字はこれまた軽々しく見てはならない。「夫子《ふうし》の道は忠恕のみ」（『論語』里仁篇）、孔子の教えも眼目の一つはこの「恕」にあるわけで、恕という文字は「如」プラス「心」です。問題は「如」という意味。仏教でも真如、如如等、仏典を解釈する上において逸することのできない大事な根元的な文字です。したがって思想である。この「如」という字は女偏で、男偏ではない。旁《つくり》は口ではない。これは女の領域、分野を表わす文字、女の領域を如という。如とは、ごとし、そのまま、ながら、という文字である。この真如とか如如とかいう如は、天ながら、道ながら、自然ながら、宇宙ながら、そういう自然そのままを表わす。「そのまま」と訳せばよい。したがって造化、宇宙はたえざる創造であり、作用、運動でありますが、如という字をまた、ゆくとも読む。何故ゆくと読むか。読み方というものはみな意味の内面的な連絡があって読むのです。

如という文字は、そのまま、ながらという意味と同時にゆくと読むのは、宇宙の本体はたえざる創造変化活動であり、進行ですから、そこでゆくと読む。そのながらの如を女扁に書いてあるのは、男に較べて女の方がまさに自然そのまま、造化を代表しているからであります。

「忠」の意味

そうして、この造化、自然、神仏という、この造化の如をそのままに行動するのが「如来」、したがってこの如――即ち造化の本領はまず包容ということにある。一物不捨、いかなるものをも捨てないで、それを包容しておもむろに育成してゆく。この育ててゆくという創造育成の努力を特に引き出して「忠」という。この忠は矛盾を止揚《しよう》してそれを進化させてゆくという文字ですが、忠に対して、いかなるものをも捨てずして、包容してゆくということを「恕」というのであります。だから「忠恕のみ」というが、もっと簡約すれば「恕」一字に帰する。

忠は恕の中にある。しかし往々「忠なれども恕ならざること」がある。だから忠の中に悉く恕があるとは限らない。恕の中に忠はある。

そこで「恕」という文字を儒教では重んずる。これはつまり親の心、母の心である。これを表わす仏教の言葉は慈悲の「悲」であります。

「身に蔵する所恕ならずして、よく諸《これ》を人に諭す者は、未だ之《こ》れ有らざるなり」。だから我々は「恕」である包容力・慈悲心があって初めて人を諭すことができる。やはり政治にも親心、恕というものが大事であります。恕は特に家族生活になければならない。親が、特におっ母さんがあまりやかましいのは道の本意ではない。世に賢夫人といって、文字はよいが皆もてあます。賢母というものも、往々にして子供が背《そむ》く。それは情を失うからです。一番先に背くのは愚かな亭主の方で、これはもっとも賢妻をもてあます。まあ愚妻がよい。

このように恕の中に忠がある。この心がけがあって初めて国を治めることができるので、まさに「国を治むるは其の家を斉うるに在り」である。

詩に云う、桃の夭夭《ようよう》、其の葉蓁蓁《しんしん》、之《こ》の子于《ここ》に帰《とつ》ぐ、其の家人に宜《よろ》しと。其の家人に宜しくして而る后《のち》以て国人を教う可《べ》し。

詩に云う、兄《けい》たるに宜しく弟《てい》たるに宜しと。兄たるに宜しく弟たるに宜しくして、而る后以て国人に教う可し。

詩云、桃之夭夭、其葉蓁蓁。之子于歸、宜其家人。宜其家人、而后可以教國人。

詩云、宜兄宜弟。宜兄宜弟、而后可以教國人。

《『詩経』周南の桃夭篇に「若々しく美しい桃の木だ。葉もよく茂っているよ。この娘《こ》が嫁げば、家がよく治まるだろう」とある。この詩のように家内が治まってこそ、初めて国民を教化することができるのだ》

《『詩経』小雅の蓼蕭《りくしょう》篇に「兄たるに宜しく弟たるに宜し」とあるように、在上の君子は、まずわが兄弟と睦《むつ》みあった上で、次第に国人を教化してゆくのである》

教は効と同じく、ならうと読んでもよろしい。

同じく『詩経』の国風（地方の民謡篇）に、

詩に云う、其の儀忒《たが》わず、是の四国を正すと。其の父子兄弟と為《な》って法《のっと》るに足りて、而る后《のち》民之れに法るなり。此れを国を治むるは其の家を斉うるに在《あ》りと謂《い》う。

詩云、其儀不忒、正是四國。其爲父子兄弟足法、而后民法之也。此謂治國在齊其家。

《『詩経』曹風・鳲鳩《しきゆう》篇に云う、「一国の指導者が国民の儀表（手本）となって、しかるのち四方の人々まで感化される」と。かように指導者の手近《てぢか》な兄弟父子の間が法にかない、しつくり行って初めて国民がこれに法《のっと》り手本とするようになる。これを、国を治めるには指導者自身がまず一家を徳治せねばならぬ、というのである》

九、「治国・平天下」の典拠

絜矩の道

所謂《いわゆる》天下を平らかにするは其の国を治むるに在《あ》りとは、上《かみ》、老を老として（あるいは上老を老とすれば）、民《たみ》孝に興る。上、長《ちょう》を長として、民弟《てい》に興る。上、孤《こ》を恤《あわれ》んで、民倍《そむ》かず、是《ここ》を以て君子絜矩《けっく》の道有るなり。

所謂平天下在治其國者、上老老而民興孝、上長長而民興弟、上恤孤而民不倍。是以君子有絜矩之道也。

《いわゆる「天下を平らかにするは、其の国を治むるに在り」とはどういうことか。上に在る者が老者を敬愛すれば、人民に孝の風が興る。上に在る者が長者を尊敬すれば、人民もそれにならって従順になる。上に在る者が不幸な孤児を憐れめば、民も慈の道に反することはない。こういうわけで、天下国家を治める指導者には絜矩《けっく》（物指しと定規）の道があるのである。

＊山田方谷曰く「平天下は大なることに相違なきも、そのうち絜矩の道が大切にて、これが財用を取扱う（経済）と人を選び用ふる（人材登用）との二者に帰す。およそ古今の事、この二者より大切なるはなし。その他万般のことみなこの中にあり。而してこの二者は絜矩より来る」と》

＊「絜矩の道」について熊沢蕃山《くまざわばんざん》は「絜矩の道は忠恕なり。聖凡となく貴賤となく、みな天に得たる所は同心同徳なり。墨《すみ》かねの天下同じきが如し」といっている（大学小解）》

絜矩というのは、定規の規・差金、すなわち法則・準則である。絜（けつ）は或《あるい》はけいと読む。これははかるという字、つまり定規差金で寸法や形をはかって、物の準則をたててゆく、基準という意味であるというのが通説ですが、また考証学者の中には、絜という字は挈と同じで、とる、あやつるなどと運用するから、定規差金をとるの道であるというので、とると解釈する説もある。これなどはいい出典をつかまえての解釈であります。つまり五寸の差金で大きな建築ができるのですから、シンギュラー・ポイントをどこにおくかで結果は非常に大きなものになる。

上に悪むところを以て下を使うことなかれ

上《かみ》に悪《にく》む所《ところ》を以《もっ》て下《しも》を使《つこ》うこと毋《なか》れ。下に悪む所を以て上に事《つか》うること毋れ。前《まえ》に悪む所を以て後《しりえ》に先だつこと毋れ。後に悪む所を以て前に従うこと毋れ。右に悪む所を以て左に交わること毋れ、左に悪む所を以て右に交わること毋れ。此れを之《こ》れ絜矩《けっく》の道と謂《い》う。

所悪於上、毋以使下。所悪於下、毋以事上。所悪於前、毋以先後。所悪於後、毋以従前。所悪於右、毋以交於左。所悪於左、毋以交於右。此之謂絜矩之道。

《上位者にされて嫌《いや》なことを下の者にしてはいけない。下の者にされて嫌なことを上位者にしてはいけない。前後左右の者に対しても同様に相手の心を思いやって、自分が他人からされて嫌なことを自制すべきである。天下の人心は墨かね（絜矩）のように相通じるものだからである》

詩に云う、楽只《らくし》の君子は民の父母なりと。民の好む所之《ところこ》れを好み、民の悪《にく》む所之れを悪む。此れを之れ民の父母と謂《い》う。
詩云、樂只君子、民之父母。民之所好好之、民之所悪悪之。此之謂民之父母。

《『詩経』小雅の南山有台篇に「徳が豊かで常に心に楽しみをいただいている君主は、民の父母にひとしい」という。天下の民を視ること我が子のごとく、民の悪《にく》むところはこれを悪み、民の好むところはこれを好む。あたかも慈父母が我が子を愛するがごとくである。これを「民の父母」というのである》

只はここでは形容詞につける助詞です。その人に接することが如何にも楽しまれる。そういう勝れた人の説明です。

詩に云う、節《せつ》たる彼《か》の南山、維《こ》れ石巌巌《いしがんがん》たり。赫赫《かくかく》たる師尹《しいん》、民具《たみとも》に爾《なんじ》を瞻《み》ると。
詩云、節彼南山、維石巖巖。赫赫師尹、民具爾瞻。

《『詩経』小雅の節南山篇に云う、「巍々《ぎぎ》として聳え立つかの南山は、巨大な巌石が積み重《かさ》なっている。権勢赫々たる太師（周代最高の官職）尹《いん》氏を、民はひとしく仰ぎ視ている」と。（しかし尹氏は一己の私に流れ、国政の要職に近親者ばかりを挙用した）》

京都あたりは節たる感じの山はないが、関東に行くと見かける。南画に出てくる山を見ればこの形容詞はよくわかる。

師尹は尹氏のことで、師は周代最高の官職・三公（太師・太傅《たいふ》・太公）の一つである太師のこと。権勢赫々たる周の太師・尹氏は国政を擅《ほしいまま》にして、人民は塗炭の苦しみに呻吟した。民は上に立つ指導者を見ていますから、社長がゴルフをやると社員が皆やりたがる。総理大臣がやると、代議士も実業家も皆それに熱を入れる。

国《くに》を有《たも》つ者《もの》は以《もっ》て慎《つつし》まざる可《べ》からず。辟《へき》すれば則《すなわ》ち天下の僇《りく》と為《な》る。

有國者、不可以不愼。辟則爲天下僇矣。

《上に立つ者の一挙手一投足は、人びとの仰ぎ見るところであるから、国政に任ずる者は慎重でなければならない。絜矩の道を踏み外《はず》して一己の好悪《こうお》に偏《かたよ》るならば、ついには天下の刑戮にかかる辱《はずか》しめを免れないであろう》

僇《りく》は罪人。今天下の民は何を望んでいるか。第一に倦んでいる。人心をして倦まざらしめんことを要す。五箇条の御誓文は実に古今の真理であります。それから是非善悪の弁別がたたないということにうんざりしている。敢然として信賞必罰をやらない。そういう道徳的勇気がない。民衆ははっきりと指し示す正義と勇気を欲している。そういう欲する所・好む所にぴったりと当てはまる、民衆の要望に応えられるような宰相が出現すること、宰相がそういう気概を示すことが政治としては根本問題です。

徳は本なり、財は末なり

詩に云う、殷《いん》の未《いま》だ師《もろもろ》を喪《うしな》わざる、克《よ》く上帝に配し、儀《よろ》しく殷に監《かんが》みるべし。峻命易《しゅんめいやす》からずと。衆《しゅう》を得《う》れば則ち国を得《え》、衆を失えば則ち国を失うを道《い》うなり。是の故に君子は先づ徳を慎む。徳有れば此《ここ》に人有り。人有れば此に土有り。土有れば此に財有り。財有れば此に用有り。徳《とく》は本《もと》なり、財《ざい》は末《すえ》なり。本を外《そと》にして末を内《うち》にすれば、民を争わしめて奪うことを施す。

詩云、殷之未喪師、克配上帝。儀監于殷。峻命不易。道得衆則得國、失衆則失國。是故君子先慎乎徳。有徳此有人。有人此有土。有土此有財。有財此有用。徳者本也、財者末也。外本内末、争民施奪。

《『詩経』(大雅・文王篇) にいう、「殷の王が未だ天下万民 (師) の心を失わなかった時は、よく上帝の心にかなっていた。よろしく殷が紂王の暴逆により天下を失った所以にかんがみるべきである。大いなる天命（峻命）を保つのは容易なことではないのである」と。これは、民心を得れば国を保つことができるが、民心を失えば亡国にいたることをいうのである。

この故に在位の君子はまずその徳を慎しむのである。君主に徳があれば、人材はおのずから生じてくる。人材さえあれば、国土を治めることができる。国が治まれば財政が確立する。財政が確立すれば、万般の政策は遺憾なく実施されるのである。すなわち徳が根幹（本）であり、財政はその結果（末）なのである。その根本とすべき徳を修めず、あまねく国民に施すべき財をいたずらに政府に集中し蓄積すれば、官と民が対立して相争う。これは為政者が率先して争奪を奨励するようなものである》

師は「もろもろ」と訓《よ》む。民衆という意味、軍隊という意味にもなり、いくさという意味にもなる。ここでは大衆、民衆を表わすから、それでもろもろと訓むのです。高師直《こうのもろなお》の師はそういう意味です。

「殷の未だ師を喪わざる」未だ人心を失墜していない時、「克《よ》く上帝に配し」克く帝王の位というものを上帝に配し、即ち政治の道徳的精神を失っていなかった。そこで立派な政治が行なわれた。「儀」は「宜しく」と同じであります。

ずっと以前に「師と友」（全国師友協会機関誌）に、幕末の偉大な経世的哲人である山田方谷の理財論を紹介しておきました。これは『大学』にいう「徳は本なり、財は末なり」ということを、あの板倉藩の財政的破綻を救って、大改革をやった実際政治家の山田方谷が、その実績に基づいて、しみじみとこの本末論をやっております。要するに、経済を立て直そうとすれば、心を正さなければ駄目だということなのです。浅はかな人間ほど財と徳が関係ないと思っている。そうではない。

ドイツの道徳経済論　第一次大戦後ドイツの復興に大いなる役割を果たした、シャハトという国立銀行の総裁、彼がどうしてあの紙屑のようになったマルクの国、ドイツの財政を立て直したかというと、あの人は元来銀行家などになろうとは自分では思っていなかった人で、その伝記を読んで非常に感じたが、彼は学生の頃は哲学や文学ばかりやっていた。それが思いがけなく銀行家となって大成功をしたのですが、彼の告白するところによると、「自分は金をどうするとか、利子をどうするとかいうような、そんなけちなことは考えない。経済はやはり道徳だ、すぐれた心の持ち方や美しい感情、情操を養うことが生産を上げ、経済を済《すく》うことになる」という道徳経済論をやっている。

あのケインズなんかもそうです。ケインズの絶筆「わが若き日の信念」の中に「我々には It is much more important how to be rather than how to do.（如何になすべきかということよりは、如何にあるべきかということが大事だ）」と言っている。

くだらぬ人間でも「俺も考えてみると悪いことばかりしてきたが、この辺で罪亡ぼしに一つ社寺にでも寄附しようか」などというのはずいぶんおりますからね。how to do で寄附しないよりはした方がよいが、仏様の目から見れば大したことはない。寄附したからといって人間が偉いということにはならない。

建長寺の誠拙和尚《おしょう》のもとへ、当時の金で五百両というたいへんな金を寄附した信者がいる。和尚、どんなに喜ぶかと思って待っていたら、「そうかね」といって、知らぬ顔をしているから、その信者は少々腹が立って、「和尚五百両といえば大金ですよ、お礼ぐらいもっと言ってくれたらどうだ」と怒ったら、和尚開き直って、「何を言うか、お前がいいことをするのに、なぜ私が礼を言うか」と言ったというが、実に面白い話です。how to do は別なのです。how to be「如何にあるか」ということが、その人間がどんな人間かということが大事なので、経済に限らず日共対策でも総評対策でもそうですが、対策対策とhow to do ばかり考えるけれども、how to do の根柢に how to be「どうあるか」がもっと根本です。

財聚まれば民散じ、財散ずれば民聚まる

是《こ》の故に財聚《ざいあつ》まれば則ち民散《たみさん》じ、財散ずれば則ち民聚まる。是の故に言悖《げんもと》って出《い》づる

者《もの》は、亦《また》悖って入《い》る。貨《か》悖って入る者は、亦悖って出《い》づ。

是故財聚則民散、財散則民聚。是故言悖而出者、亦悖而入。貨悖而入者、亦悖而出。

《この故に、お上が財を収奪してむやみに国庫に蓄積すれば、人心は離反する。反対に、財を散じて天下の隅々に行きわたらせれば、翕然《きゅうぜん》として人心が集まるのである。こういうわけだから、為政者が道理に悖《もと》った無理な政令を発すれば、人民からも無理な要求がはね返ってくる。財も同様で、無理に国庫に取り込めば、人民もまた無理に政府から奪おうとするであろう》

日本がどうです。神武以来の好景気だといっておるうちに、いっぺんに神武以来の不景気におちてしまう。悖って入るものは悖って出づ。この言葉のとおりであります。

康誥に曰く、惟《こ》れ命常《めいつね》に于《お》いてせずと。善《ぜん》なれば則ち之《これ》を得《え》、不善《ふぜん》なれば則ち之を失うを道《い》うなり。

康誥曰、惟命不于常。道善則得之、不善則失之矣。

《『尚書』康誥篇に「君主が天命を受ければ、いつまでも一定して動かぬものと思うのは誤

りだ」とあるが、その意味するところは、君主に徳があれば天命を得、徳がなければ天命を失うことをいったものである》

命《めい》というものは千変万化、造化の作用というものは人間の簡単な頭で一定してしまうことはできない。

楚書《そしょ》に曰く、楚国は以《もっ》て宝と為《な》す無《な》し。惟善《ただぜん》以て宝と為すと。舅犯《きゅうはん》曰く、亡人《ぼうじん》は以て宝と為す無し。親《しん》に仁《じん》なるを以て宝と為すと。

楚書曰、楚國無以爲寶、惟善以爲寶。舅犯曰、亡人無以爲寶。仁親以爲寶。

《『国語』の楚語にも「わが楚国は財貨を宝とはしない。ただ善を宝とする」とある。為政者が善を失えば、国を失うに至るものである。また晋《しん》の文公が秦《しん》に亡命していたとき、母方の叔父の舅犯《きゅうはん》が秦の穆公《ぼくこう》に、「亡命中の文公にとっては、政権が宝ではない、ただ親しくすべき者に仁恩を施すことこそ宝である」と言っている》

舅犯は戦国の英雄・晋の文公を援けた人。その舅犯が秦の穆公に答えた言葉です。仁親は親に仁と返って読むのが通説、親しいものに仁なること。

仁人のみよく人を愛し、よく人を悪む

秦誓《しんせい》に曰く、若《ここ》に一个《いっこ》の臣有り。断断《だんだん》として他技無し。その心休休焉《きゅうきゅうえん》として其《そ》れ容《い》るる有るが如し。人の技有る、己れ之《これ》を有するが若《ごと》し。人の彦聖《げんせい》なる、其《そ》の心之を好む。啻《ただ》に其の口より出づるが若きのみならず。寔《まこと》に能《よ》く之を容る。以て能く我が子孫黎民《れいみん》を保《やす》んず。尚《ねが》わくば亦利《またり》あらん哉《かな》。人の技ある、媢疾《ぼうしつ》して以て之を悪《にく》む。人の彦聖なる、之に違うて通ぜざら俾《し》む。寔《まこと》に容るる能わず。以て我が子孫黎民を保んずる能わず。亦曰《ここ》に殆《あやう》い哉《かな》と。

唯仁人《ただじんじん》のみ之を放流し、諸《これ》を四夷に迸《しりぞ》け、与《とも》に中国を同じうせず。此れを唯仁人のみ能く人を愛し、能く人を悪むと為すを謂《い》うなり。

秦誓曰、若有一个臣。斷斷兮無他技。其心休休焉、其如有容焉。人之有技、若己有之。人之彦聖、其心好之。不啻若自其口出。寔能容之。以能保我子孫黎民。尚亦有利哉。人之有技、媢疾以惡之。人之彦聖、而違之俾不通。寔不能容。以不能保我子孫黎民。亦曰殆哉。唯仁人放流之、迸諸四夷、不與同中國。此謂唯仁人爲能愛人能惡人。

《『書経』の秦誓に云う、「ここに一人（一个は一個に同じ）の重臣がおる。外貌は誠一（断々）で、これといって取り立てた才能はないが、心がゆたか（休々）で度量が大きく、天下の物みなわが心のうちに包容してしまう。彼はおよそ人の有する才能技倆は、わが身に有するようによろこび、人と一体となって共鳴する。大道に通じ義理に明らかな（彦聖）人物があれば、心から喜び、ただ口先で褒めるばかりでなく、本当に包容する。こんな重臣を任用すれば、わが一代ばかりではない、子々孫々、万民あまねく恩恵に浴することができるであろう。こういう人物こそ、取り立てて一芸一能はなくとも、実は大芸ある人であって、天下の人材をみな我がものとしてしまう有難い人である。これに反し、一芸ある人に対してはこれを嫉《ねた》み、聡明な人（彦聖）に対しては事ごとに憎んで邪魔をし、包容することができない臣も存在する。こんな人物を用いると、国乱れて子孫を安んずることができぬのみか、万民を保全する能わず、国運は危殆《きたい》に陥るほかないのである」と。いやしくも仁人が上にある限り、前記のような媢嫉の悪人はこれを国外の避遠の地に追放（放流）して、中国に住まわせぬようにする。これを「仁人のみよく人を愛し、よく人を憎む」というのである》

＊山田方谷曰く「仁者は固《もと》より能《よ》く人を愛すれども、悪人はこれを悪《にく》む。而してこれが愛憎の上より来れば私なり、意《こころ》の一念誠《まこと》の処より来れば公なり。公は宜しく好色を好み、悪臭を悪むと一般なるべし。善人と云ひ、悪人と云ふ、誠意の人ならでは見分け難きも此処なり」

仁人というのは単に人を愛するばかりではない。人を悪む場合もある。仁人にして初めて人を愛し、また悪むことができる。普通の人間は私情であるが、真に善しとし悪しとすることは仁人にしてできる。

「仁」という言葉を誤解している人が多い。いつか医師会の会長であったか、「世の中が変わって仁術などという時代ではない」といっておりましたが、まったくその意味がわかっていない。仁術というのは、無料で診《み》てやる術ということではない。造化の生成化育、物を包容し育成する道、それが人間に現われたものが「徳」、その代表的なものが「仁」であります。仁とは「包容し育成する力」をいう。だから脳溢血で半身不随になると、「身体不仁」と『老子』にもちゃんと書いてある。その可哀相な病人を助けて、よく生かしてやるというので仁術です。無料診療をして殺してしまったのでは、これは不仁も甚だしい。

賢を見て挙ぐる能《あた》わず、挙げて先だつ能わざるは命なり。不善を見て退《しりぞ》くる能わず、退けて遠ざくる能わざるは過《あやまち》なり。

見賢而不能擧、擧而不能先、命也。見不善而不能退、退而不能遠、過也。

《賢者と見てもこれを挙げ用いることができない。また挙用しても、自ら率先して委任することができない。これは怠慢である。不善人を見てこれを退けることができない、退けても僻地に追放できないのは過失である》

自分が率先してその人を引っ張ってゆく、ということができないのは命なり。この「命」は多くの学者が考証して、命ではないということに一致しております。そうしてあるいは「怠」とか「慢」という字を当てている。挙げても挙げっぱなしで、自分が先に立っていっしょにやってゆけないというのは怠慢である。意味はよく解ります。

人の悪《にく》む所を好み、人の好む所を悪む、是《これ》を人の性に払《もと》ると謂《い》う。菑《わざわい》必ず夫《そ》の身に逮《およ》ぶ。

好人之所惡、惡人之所好、是謂拂人之性。菑必逮夫身。

《およそ善を好み悪を悪《にく》むのは人の天性である。しかるに君主たる者が、人の悪むところを好み、人の好むところを悪めば、これは人間の天性に背くもので、禍害が身に及ぶことを免かれないであろう》

こういう天の邪鬼のような人はおるものです。

是の故に君子大道あり。必ず忠信以て之《これ》を得、驕泰《きょうたい》以て之を失う。

財を生ずるに大道有り。之を生ずる者衆《おお》く、之を食する者寡《すくな》し。之を為《つく》る者疾《と》く、之を用うる者舒《ゆるやか》なれば、則ち財恒《つね》に足る。

是故君子有大道。必忠信以得之、驕泰以失之。

生財有大道。生之者衆、食之者寡。爲之者疾、用之者舒、則財恒足矣。


《この故に、天下を治める君子には大道（絜矩の道）がある。この大道は忠信の誠から出てくるものである。これに反して驕《おご》り高ぶって節度を喪失すれば、大道を失って国は亡ぶに至るのである》

《およそ一国の財政は一日も忽《ゆるが》せにすべからざるものだが、財政を豊かに運営するためには大原則がある。これを食糧生産面からみると、農業人口を多く（衆）して、非生産的な消費人口を抑える（寡）ことである。一方、工業面では、物を製造する効率を上げ（疾）、これを使用するにあたっては、大切に取り扱って消耗をゆるやかにし長持ちさせるようにすれば（舒）、一国の財政はつねに円滑に運用されるであろう》

＊山田方谷曰く「要するに生ずると食《くら》ふと、為《つく》ると用ふると、いつも対照して総勘定を立て、総会計をなさざるべからず。〝財恒に足る〟とは、恒の字重し。百世を経《へ》、いかなる変生ず

るも、財計富足して欠乏なきなり」。

生産するものはせっせと能率をあげる。使うものは必要に応じてやればよいので、贅沢はしない。

仁者は財を以て身を発し、不仁者は身を以て財を発す。

仁者以財發身、不仁者以身發財。

《仁者は財を私せず、公共の利益を図るから、国が栄えるだけでなく、わが身もまた安泰である。ところが、不仁者は一己の私のためにのみ財産を蓄積しようとあせり、ついに身を亡ぼすにいたるものである》

不仁者は財と心中してしまう。

未《いま》だ上《かみ》、仁を好んで、下《しも》、義を好まざるは有らざるなり。未だ義を好んで其の事終えざるは有らざるなり。未だ府庫の財にして其の財に非ざるは有らざるなり。

未有上好仁、而下不好義者也。未有好義、其事不終者也。未有府庫財非其財者也。

《いやしくも上に立って天下を治める人が仁を好み民を愛すれば、その誠意が天下に感応して、民もみな義を好むようになる。また上が仁を好み、民が義を好めば、何事も成就しないことはないのである。したがって財貨も自然に聚《あつま》って国庫も豊かになり、為政者はその財貨を意のままに国政に供することができるようになるのである》

上《かみ》次第であります。今日も政府の財政宜しきを得れば、民間の財政経済などはどうにでもなる。

孟献子《もうけんし》曰く、馬乗《ばじよう》を畜《たくわ》うるものは雞豚《けいとん》を察せず。伐冰《ばつぴよう》の家は牛羊を畜《たくわ》えず。

孟獻子曰、畜馬乘、不察於雞豚。伐冰之家、不畜牛羊。

《魯国の賢大夫《たいふ》・孟献子《もうけんし》曰く、「四頭立ての馬車を使用する身分の大夫ともなれば、鶏豚を飼って生計を立てる庶民のように細利を貪るべきではない。また喪祭の礼に氷室から伐《き》り出した氷を使用するほどの身分となれば、牛や羊を飼って些細な利益を計るようなことはしないものだ」》

馬乗を養う大名たるものは鶏や豚のような小さな事にこせこせとしない、ということは民衆の経済に干渉しない。氷を伐《き》るということは、夏に祭祀用の供物が腐らぬように、いわゆる冷凍の用意を持つ家、つまり大夫のごときは、庶民や農民のような牛羊を畜えない。それは民業を奪うことになる。今ならさしずめ大企業がもっと中小企業を活かせというところです。

百乗の家は聚斂《しゅうれん》の臣を畜えず。其の聚斂の臣有らんよりは寧《むし》ろ盗臣有れと。
百乘之家、不畜聚斂之臣。與其有聚斂之臣、寧有盜臣。

《「戦車百乗を出すほどの卿大夫《けいたいふ》ともなれば、聚斂《しゅうれん》の臣をおいて領民から苛酷な税を取り立ててはならない。聚斂の臣よりも、むしろ府庫の財をかすめ取る盗臣の方がまだましだ」と》

大名は領地の民衆からしぼりあげる家来を畜《か》うものではない。むしろ主人の家を誤魔化す盗人を家来に持っている方がよろしい。損失は大名自身ですむ。民衆を搾取してはいけない。

国は利を以て利と為さず、義を以て利と為す

此れ国は利を以て利と為《な》さず、義を以て利と為すを謂《い》うなり。

此謂國不以利爲利、以義爲利也。

《この孟献子のことばは、国の財政というものは、私利をもって国益となさず、公義をもって国家の利益となすべきことをいったものである》

『左伝』には「義は利の本なり」といっている。『易経』には「利は義の和なり」と書いてある。本当の利益というものは、如何にすることが義であるか、正しいかということを集積してゆくことから生まれる。この言葉から、義和とか義利とか、ずいぶんと人の名前が出ている。

国家に長として財用を務《つと》むる者は、必ず小人《しょうじん》に自《よ》る。彼之《これ》を善《よ》くすと為《な》す。

長國家而務財用者、必自小人矣。彼爲善之。

《国の重責にあたって財政に熱意をそそぐ君主は、必ず才あまりあって徳の足らぬ小人を任用しがちである。こういう君主は、利にさとい小人を善しとして、いよいよ重用するよ

うになる》

国家に長として専ら財用、経済問題、それも消費の面にばかり力を入れる者は、どうしても小人を使用しがちである。

小人をして国家を為《おさ》め使《し》むれば菑害竝《さいがいなら》び至る。　小人之使爲國家、菑害竝至。

《心術の正しくない小人に政事を任せれば、必ず禍害が一時に続いて起こるものである》

大塩（平八郎）中斎は檄文の一節に之を引用している。

善者有りと雖《いえど》も亦之《またこれ》を如何《いかん》ともする無し。此れ国は利を以て利と為《な》さず、義を以て利と為すを謂《い》うなり。

雖有善者、亦無如之何矣。此謂國不以利爲利、以義爲利也。

《こうなれば、たとえいかなる善良な賢人が政局にあたっても、とうてい手の施しようがないものである。これすなわち「国は私利をもって国益となさず、公義をもって国の利益となす」所以である》

むすび

今日世界の情勢を眺める時に最も感ずることは、政治が経済に圧倒されているということです。ほとんど政治が経済によって支配されている。最もはなはだしいアメリカなどは、実業人がソロバンをはじいて政治をしている。これではアメリカは救われない。現代のアメリカに最も必要なことは、例えばアメリカ研究で有名なイギリスのブローガン教授がロンドン・タイムスに書いていたが、経済の専門家ではなくて、経済も教育も外交もなにもかもに、総合的に目のきく、国政を考えて料理することのできるステーツマンが必要であるというのであります。

これはようやく世界の優れた識者、思想家の定論になりつつある。ウォルター・リップマンの如きも、欧米民主主義の危機を救うものは『中庸』の「天命を知る」、そういう精神をもった優れた指導者が出ないと救われない。つまり政治がもっと良心的優位にたたないと駄目だと論じている。産業革命以来、世界が紛然として乱れてきて、前後二次の大戦をやって、今は共産主義と民主主義の対立となっているのでありますが、結局これは単なる経済問題、政策問題では片付かないので、やはり各国の政権の座に優れたステーツマンが現われて、道徳的に叡智をもって協議し合わなければ救われない、ということを切々と論じております。

またこれをさかのぼると、そもそも文明というものが非常な危機に陥っている。唯物文明の過剰でまさに滅びようとしている。わが国の産児制限にしてもそうです。今の風習、実績でやってゆくと、すしづめ教育どころか、昭和五十年には児童の数が半減してしまう。日本人はどうも極端から極端に行き過ぎる。これを救うものは唯物主義・享楽主義では駄目です。どうしても精神生活を回復しなければいけない。政治革命・社会革命の根柢に精神革命がなければならない。これは識者の一致した結論であります。そのために、トインビーにしてもシュバイツァーにしても異口同音に、人類は再び宗教を回復しなければならないといっている。西洋人のことですから、どうしてもそうなる。そうして彼等が気がついたのは偉大な東洋文化であります。

そこで、この東洋の精神文明を大いに究明しなければならないということになる。これが近頃の欧米における東洋研究熱になっている。この時に肝腎の東洋文化の宝蔵である日本――古来インド・シナの大事なものがみな日本に伝来している――来るべき世界貢献の中心力となるべき日本が、全くそういうことを忘れてしまって、アメリカだの中共だのとうつつをぬかしているのでは、今に『論語』の研究にケンブリッジに行ったり、『大学』の勉強にワシントンに行ったりしなければならなくなる。これくらい恥ずかしいことはありますまい。我々の目指す主眼は精神革命にある。失われた心を回復して、本当の国民生活の維持を再び実現する、ここに存するのであります。

Ⅲ

処世の根本法則「小学」

この講義は、昭和三十七年八月に東京・小金井の浴恩館で開催された第五回師道研修会における連続講義を関西師友協会事務局が筆録したものである。

序章　道に始めなく終りなし

世間普通の講習会とか研修会とかいうものならば、ちゃんと講題などを決めてやるのも当然でありますが、しかしこの会のようになれば本当は題など要《い》らぬし、また題などに拘泥したのではろくな話はできません。この会はいわゆる道とか真理とかいうものを尋ねる会であります。真理とか道とかいうものは始めなく終りなしで、大にしては宇宙、小にしては一言一句、どこから始めてもよいし、どこで終っても構わない。まことに融通無碍《むげ》であります。この席にも数学の岡潔《きよし》先生がお見えになっておられますが、先生の数学はそれこそ融通無碍でありまして、科学でも、本当の科学というものは哲学にも宗教にも相通ずるもので、ここからが科学、ここからが宗教、などという区別は決してないのであります。ただそれでは不便ですので、説明の便宜上、知識とか、技術とか、と区切るだけのことであって、限界などというものはないのであります。したがってどこから始まってもよい、どこで終ってもよい。

我々の身体でもそうであります。心臓とか肝臓とかいろいろあるけれども、他とかかわりなく、全体とかかわりなく存在するものは、何一つないのであります。例えば甲状腺にしても、ちょっと見れば単なる骨のように見えるけれども、専門の医者に訊《き》くと、ここからサイロキシン（チロキシン）といったものを血液の中へ送り出す。これが出なくなると、正邪曲直の判断とか、美醜の感覚とか、あるいは神聖なるものを敬うとかいうような機能がなくなってしまう。ネズミの餌から完全にマンガンを除去すると、母性本能がなくなるそうであります。こういうことを聞くと、すぐあわて者は、真・善・美はサイロキシンから出るのかと決めてしまいますが、こういう考え方は唯物主義というもので、決してそんな簡単なものではないのであります。身体の機能は実に微妙な相関関係にあって、どの部分をとっても、それからそれへと無限に連環しております。道の世界、真理の世界でも同じこと。孔子を論じようとすれば、老子も釈迦もみな関連してくる。それでこそ本当の真理の世界・道の世界というものであります。

近頃よく自己疎外などという言葉がはやりますが、要するに内を離れて外に走ることで、枝葉末節になればなるほど動きのとれぬ、融通のきかぬものになってしまう。今日の一番の弊害は、この内的統一を失って、雑駁になっておるということです。その最も悲惨なものは、自己の喪失・人間性の喪失ということであります。この失われた自己を取り戻し、内的世界・精神の世界に還ろう、そういう機縁をつくろう、そういう道を開こう、というところにこの研修会の意義・価値があるのであります。

日常実践の学問

さてこの『小学』でありますが、昔は、少なくとも明治時代までは、これを読まぬ者はなかったのでありますが、今日――『大学』はまだ読むけれども――『小学』はほとんど読まなくなってしまいました。しかし『小学』を学ばなければ『大学』はわからないのであります。それは小乗（仏教）を学ばなければ大乗（仏教）がわからないのと同じであります。

私の好きな大家の一人に章楓山《しょうふうざん》という人がおります。明《みん》代の碩学《せきがく》で、王陽明《おうようめい》とほぼ同時代に生きた人でありますが、あるとき新進の進士（科挙の合格者）が訪ねて来て、「私も進士の試験に及第しましたが、これから一つどういうふうに勉強すればよろしいのでしょうか、ご教示願いたい」と頼んだ。章楓山はこれに答えて「なんと言っても『小学』をやることですね」と言った。言われた進士は内心はなはだ面白くない。進士の試験に及第した自分に『小学』をやれとは、人を馬鹿にするにも程があるというわけであります。そうして家に帰り、なんとなく『小学』を手にとって読んでみたところが、まことにひしひしと身に迫るものがある。そこで懸命に『小学』を勉強して、再び章楓山を訪れた。するとろくろく挨拶も終らぬうちに章楓山が言った、「だいぶ『小学』を勉強しましたね」と。びっくりして「どうしてわかりますか」と訊ねたところ、「いや、言語・応対の間に自《おのず》から現われておりますよ」と答えたということであります。

学問・知識などというものは、単なる論理的概念に止まっておる間は駄目でありまして、これを肉体化する、身につけるということが大事であります。いわゆる体現・体得であります。西洋で申しますと、embody あるいは incarnate ということであります。そうなるとすぐ顔や態度に現われる。よく「謦咳《けいがい》に接する」などと申しますが、しわぶき一つにしても、よくその人を現わすものであります。信州飯山の正受老人は、あの白隠禅師の師匠でありますが、実に峻烈な人で、「終日ただ謦咳をきくのみ」、咳ばらいするだけで滅多に口など利かなかった。しかしその咳ばらいが弟子たちにはなんとも言えぬ魅力であったということ。体現してくると、謦咳にまで無限の意味を持つものであります。「小学」もしかり。人間はかくあらねばならぬという原則を、この肉体で受け取る。これが「小学」というものであります。

「小学」の意味　「小学」という語には大体三つの意味があります。第一は「初級の学校」という意味で、昔、宮城の一隅に置かれた国立の小学校のことであります。そののち別の意味に使われるようになって、漢代に入ると、いろいろの知識や学問の根底をなす文字・文章に関する学問のことをいうようになり、さらに発展して、今度は仏教に於ける小乗と同じように、我々の日常実践の学問を小学というようになったのであります。

体現・体得を重んじた知行合一の学問

そうして、我々の普通にいう『小学』というのは、朱子《しゅし》が先儒や偉大な先覚者たちの迹を尋ねて、その中から範となるものを拾って、内外二編、二百七十四条目とし、これをとかく知識や論理の遊戯に走りがちな弟子に与え、名づけて『小学』と呼んだのであります。

しかし、表向きは朱子の編著ということになっておりますが、本当は弟子の劉子澄《りゅうしとう》という人がもっぱらその編纂の衝に当たっておるのであります。彼は元来、立派な役人であり、また学者ですが、朱子に会って、初めて自分の今までやってきた学問がいかに浅薄であり、雑駁な知識・技術の学問であったかを悟り、そうして深く道の学問に入っていった人であります。朱子もまたこの人を単なる弟子としてでなく、道の上の親友として重く遇しておるのであります。

朱子は名は熹《き》といい、字《あざな》は元晦《げんかい》、晦庵《かいあん》と号した。安徽《あんき》省の出身でありますが、生まれたのは父の任地である福建省尤渓であります。父は韋斎と号し、これまた篤学の士であります。朱子の最も影響を受けたのは父の学友である李延平で、この人は実に超俗の人でありまして、山水の間に庵を結んで、学を楽しみ、書を読んで、生涯を終った人であります。その延平の学んだのが羅従彦《らじゅうげん》という人で、これも立派な篤学者。羅従彦の先生が名高い楊《よう》亀山《きざん》で、実にスケールの大きい内容の豊かな人であった。亀山の先生が程明道《ていめいどう》であります。

これらの系統を通じて見られることは、彼等の学問は単なる知識とか功利のためにする学問ではなくて、いわゆる「体現・体得を重んじた知行合一の学問」であったということであります。これらの人々の人物・言行などを調べてみても、人間もここまで至るものか、とつくづく感ぜしめられるような人物ばかりであります。日本にも徳川時代これらの学問をやった人に偉大な人物が多いのであります。

それを考えると、今日は決して昔より進歩しておるなどということはできないのであります。世の中の法律や制度をいかに変えてみても、イデオロギーをいかに振り廻してみても駄目である。人間そのものをなんとかしなければ、絶対に人間は救われない。やはり人間革命・精神革命をやらなければならぬ、ということになってまいりました。己れを忘れて、世のため、人のために尽くすような、己れ自身が学問・修養に励んで、それを通じて人に感化を与えるような、そういう人物が出てきて、指導的地位に配置されるようにならなければ、絶対に世界は救われない、ということが動かすべからざる結論になってまいりました。

要するに世の中を救うためには、まず自らを救わなければならない。自らを救うて初めて世を救うことができる。広い意味において小学しなければ、自分も世の中も救われないのであります。その貴重な小学の宝典がこの朱子の『小学』であります。これをしみじみ読んでみると、いくど読んでも、幾歳になって読んでも、実に感激の新たなものがあります。

朱子の「小学」序文

小学書題（小学序文）

古《いにしえ》は小学、人を教うるに、灑掃《さいそう》・応対・進退の節、親を愛し長を敬し師を尊び友に親しむの道を以てす。皆、修身・斉家・治国・平天下の本《もと》たる所以《ゆえん》にして、而して必ず其れをして講じて、之を幼稚の時に習わしめ、其の習《ならい》、知と与《とも》に長じ、化《か》、心と与に成って而して扞格《かんかく》勝《た》えざるの患《うれい》無からんことを欲するなり。今、其の全書見るべからずと雖《いえど》も、伝記に雑《まじ》り出《い》づるも亦《また》多し。読者往々直《ただ》に古今宜《ぎ》を異《こと》にするを以て、之を行なう莫《な》きは、殊《はなは》だ其の古今の異《い》無きもの固《もと》より未だ始めより行なうべからざるにあらざるを知らざるなり。今、頗《やや》蒐集して以て此の書を為し、之を童蒙に授け、其の講習を資《たす》く。庶幾《こいねがわ》くは風化の万一に補あらんと云うのみ。

淳熙丁未三月朔旦　　朱晦庵題

灑掃　灑掃《さいそう》は拭き掃除。それに応対、進退というような作法、こういう根本的なことができて、初めて修身・斉家・治国・平天下といったことに発展することができる。学問に限らずいかなる問題にしても、それを進めてゆく上の原理・原則というものがある。ルールというものがある。これを無視してはスポーツもできないし、碁・将棋もできない。手術をするにも基礎条件というものがある。まずあらゆるものの消毒から始まって、器械・器具を整え、医者も看護婦も手を浄めて、そうして精神を統一して初めて手術にかかる。この基礎条件を厳格にすればするほど成功する。

『小学』は人間生活の根本法則である。だから昔から、人を教えるには『小学』を以てするのである。人間生活のよって立つ根本はなんといっても道徳でありまして、この道徳の基本的な精神・情緒といったものを培養しなければ、人間の生活は発達しない。ことに灑掃などというものは科学的にいっても大事であります。

人類文明の第一歩は、人間の前足が手になると同時に、頭が活躍し始めたことにあるわけで、したがって弊害もそこから始まると考えて間違いないのであります。第一、立つということは、地球の引力の法則に反するから、それだけでも疲れる。だから「お楽に」というときには、必ず「横におなりください」ということであります。立つことによって生じた病気や弊害はたくさんあります。例えば胃下垂だの、内臓下垂だの、というのはみなそうであります。そこで人間はときどき四つ這いになるとよい。手に下駄をはいて庭を、あるいは部屋の中を十分か二十分歩き廻る。胃腸病や神経衰弱などは直ぐ治る。私自身もやってみたことがありますが、四つ這いになると全く物を考えない。これは動物に還るのであるから当然のことであります。

その点、古人はよく考えております。禅堂や道場等ではつとめて拭き掃除をさせた。毎日、朝から晩まで学問・修養では神経衰弱になって、胃腸障害を起こしがちであります。そこで清潔・清掃といって拭き掃除をさせる。したがってこれは労働ではなくて、本当は養生であり、療養であったわけであります。

応対　また応対ということも大事なことであります。人間というものはなにかによって自分を試練しなければならない。相対するものがあって初めて我々の意識や精神機能が活発に働くのです。アーノルド・トインビーがその歴史研究に用いている一つの原理は、challenge and responseということでありますが、良い意味においても、悪い意味においても、この二つによって世の中が動いていく。そうしてその一番の根本が「応対」であります。

人は応対によって、まず決まってしまう。武道などやると、なおさらよくわかるのでありますが、構えた時に本当は勝負がついている。やってみなければわからない、などというのは未熟な証拠であります。もっともそれがわからないから面白いのですが……いずれにしても応対というものは実に微妙なもので、人間は応対によって泣いたり笑ったり、すべったり転んだりしておると言ってよろしいのであります。

そういう灑掃・応対・進退のしめくくり、また親を愛し、長を敬し、師を尊び、友に親しむの道は、みな修身・斉家・治国・平天下の本《もと》たる所以《ゆえん》であって、しかも幼稚の時に習わせることが大事であります。後年になってそれがいろいろに現われてくる。そうして、「其の習《ならい》、知と与《とも》に長じ、化《か》、心と与に成って而して扞格勝《かんかくた》えざるの患《うれい》無からんことを欲するなり」、扞格は矛盾・衝突であります。人間はたえざる錬磨によって矛盾・衝突がなくなり、だんだん本能的・直観的になってくる。自動車の運転一つにしても、最初のうちは車と運転者とが相扞格して抵抗し合っておるけれども、だんだん練習しておるうちにそういう扞格がなくなって、車と人とが一体になってくる。つまり無意識的活動になってくる。そうなると、意識や知性では知ることのできない真実の世界・生命の世界に入ってゆく。即ちこれが「其の習、知と与に長じ」であります。

扞格のある間は、そこに意識があるから知性に訴える。それが次第に知と共に長じて、無意識的に行動するようになる。その直観というものは内的生命の統一から出てくるもので、相対的知性の及ぶところではない。そうして物事は次第に化してゆく、ここにいわゆる心の世界・直観の世界というものが開けてくる。これが「化、心と与に成る」というものので、物事はどうしても時間をかけて習熟する必要がある。価値のあるもの精神的なものほどインスタントでは駄目であります。肉体の動作・活動でも、修練を加えて、初めて医学的に、いわゆる全解剖学的体系の統一活動というものができるようになるのであります。

学問もそうであります。「今、其の全書見るべからずと雖《いえど》も、伝記に雑《まじ》り出づるもの亦《また》多し」《現在は小学に関する古代の記録のすべてを見ることはできないが、それでも現在伝わっている昔の書物のなかに出ているものがかなり多い》。だから昔の話だからと言って、これを捨てるということは、原理・原則に反する。人間の原理・原則というものは古今東西などによって変わるものではない。人間として生きて行く以上どうしても行なわなければならぬもので、行なうことのできないもの、行なってならぬものであったならば、人間が知るはずはないのである。それを知らないで、昔のことだからというので放っておくということは、これは無知である。

これを童蒙に授けておるために、『小学』を童蒙の書のごとく考えるのでありますが、それは間違いで、『小学』は童蒙の書であるとともに、立派な成人の書というべきであります。

第一章　独を慎む

一、人の三不幸と三不祥

三不祥
荀子《じゅんし》曰く、人に三不祥《さんふしょう》あり、幼《よう》にして而も肯《あえ》て長《ちょう》に事《つか》えず。賤《せん》にして而も肯て貴《き》に事えず。不肖にして肯て賢に事えず。是れ人の三不祥なり。
（『荀子』非相篇）

日本人は孟子は読むが、荀子《じゅんし》はあまり読まないようであります。しかし経世済民の上から言えば荀子の方がはるかに現実的で、社会的であります。また人物履歴もすぐれた人でありします。孟子を読む以上は荀子も必ず読んで欲しいものです。

「幼にして而も肯て長に事《つか》えず」、幼にして長に事えないということは、いとけなくして

「敬する」ことを知らないということになる。「敬」というものは、東洋哲学は言うに及ばず、西洋でもしきりに説くことであって、例えばカントの道徳学にしても、これを一つの基本にしておるのでありますが、それにもかかわらず、人はみな愛だけを説いて、敬を忘れている。

愛は禽獣でもこれを知り、かつ行なうことができる。人間が動物から進化してきた一つの原動力は、愛と同時に敬する心を持つようになったことであります。現実に満足しない、即ち無限の進歩向上を欲する精神的機能が発して敬の心を持つようになったことでありま す。現実に満足しない、即ち無限の進歩向上を欲する精神的機能が発して敬の心になる。換言すれば、現実に甘んじないで、より高きもの、より貴きものを求めるという心が「敬」であります。そうすると相対性原理によって、みずから省みて必ず恥ずるという心が湧いてくる。恥ずるから慎む。敬は恥や慎みの心を活かす体液のようなものであります。人間の内臓血管というようなものは、血液を初めとするあらゆる体液の中にある。血球も塩水の中に浮いている。敬は体液である。したがって愛するだけでは「人」にはならないのであります。

今日も「愛」ということはみんなが言うけれども、「敬」とか「恥」とかいうことは全く忘れてしまっている。忘れるどころかこれを無視し、反感を持ち、否定しようとしている。しかし幼児はこの心をもっとも純真に持っておるのであります。幼児は物心ついて片言を話すようになると、明らかに敬の対象を求める。両親のそろっておるときには、もっぱら母を愛の対象とし、父を敬の対象とする。愛されると同時に敬する。しかも自分も敬されることを欲するのであります。どんな小さな子供でも、「お前はえらい」とか言って褒められると、必ず喜びの笑みをもらす。だから子供に対しては叱ることは構わないけれども、無暗に蔑《さげす》むことはいけない。これは子供の価値を否定することになる。つまり不敬であります。

その幼児が敬することを知らなくなってしまった。これは今日の国民教育に根本的な欠陥がある証拠であります。昔は親の言うことは聞かなくとも、先生の言うことだけはよく聞いたものであります。ところがその先生が今では敬されずに侮《あなど》られる。揚句のはては、警察の力を動員しなければ中学や高校の卒業式を行なうことができない。こんな教育なら止めた方がましであります。「賤にして而も肯て貴に事《つか》えず」も、「不肖にして肯て賢に事えず」も、要するに同じことであります。

三不幸

伊川先生言う、人、三不幸あり。少年にして高科に登る、一不幸なり。父兄の勢に席《よ》って美官となる、二不幸なり。高才有って文章を能《よ》くす、三不幸なり。（『伊川文集』）

年の若いのにどんどん上へあがる。世の中はこんなものだと思ったら大間違いである。これはというのは修練というものを欠いてしまうことになるからで、これは不幸である。これは官ばかりではない。親のお陰で若輩が重役になったりする、みな同じことである。またいろいろのすぐれた才能があって、文章を能《よ》くする、——文は飾る、表わすということで、つまり弁が立ったり、文才があったりして表現が上手なこと——これも大きな不幸である。今日は選手万能の時代で、野球とか、歌舞とか、若くてできる者にわいわい騒ぐ。これは当人にとって大きな不幸であります。若くてちょっと小説を二つ三つ書くと、たちまち流行作家になって大威張りする。小娘がちょっと歌や踊りができると、やれテレビだ映画だ、と引っぱり出して誇大に宣伝する。つまらない雑誌や新聞がそれをまたデカデカと報道する。変態現象というか、実に面妖なことで、決して喜ばしい現象ではないのであります。

というのは、人間でも動物でも、あるいはまた植物でもなんでもそうでありますが、本当に大成させるためには、それこそ朱子の序文にあるとおり、「習《ならい》、知と与《とも》に長じ、化《か》、心と与に成る」、という長い間の年期をかけた修練・習熟というものが要《い》るのであります。決してインスタントにでき上がるものではない。特に幼・少時代というものは、できるだけ本人自身の充実・大成に力を注いで、対社会活動などは避けた方が良いのであります。また自らも避ける心掛けがたいせつで、それでこそ大成できるのであります。これを忘れて、外ばかり向いて活動しておると、あだ花のように直ぐ散ってしまう。

> 前輩《せんぱい》嘗《かつ》て説く、後生《こうせい》の才性人に過ぐる者は畏《おそ》るるに足《た》らず、惟《た》だ読書尋思《じんし》推究する者畏るべしと為すのみ。又云う、読書は只だ尋思を怕《おそ》る。蓋《けだ》し義理の精深は惟だ尋思し、意を用いて以て之を得べしと為す。鹵莽《ろぼう》にして煩を厭う者は決して成ること有るの理無し。
>
> （『呂氏童蒙訓』）

「説く」は「言う」に同じ。《かつて先輩が言った、「後生のうちのいろいろの才能のある者は決して畏るるに足らぬ」と》。たびたび申しますように、人間を内容の面から分類して、一番の本質をなすものは徳性であって、いろいろの知能・技能はその属性であります。これは天然に具わっておる、というので性をつけて才性といっている。こういう持って生まれた付属的な才能は、つまり頭が良いとか、文章がうまいとかいった、才能のすぐれたものは決して畏《おそ》れるに足らん。「惟《た》だ読書尋思《じんし》（たずね考える）推究する者畏るべしと為《な》すのみ。又云う、読書は只だ尋思を怕《おそ》る」、「怕る」は単なるおそるではない、肝腎という意味であります。読書は尋思が肝腎であります。

「義」と「理」

「蓋《けだ》し義理の精深は惟だ尋思し、意を用いて以て之を得べしと為す」、「義」とは、「われら如何になすべきや」という実践的判断、「理」はその意味・法則であります。思うに義理の精深は大いに心を働かして初めて遂げるので、「鹵莽《ろぼう》にして煩を厭う者は決して成ること有るの理無し」、――鹵莽は穴だらけ、節だらけ、整理・整頓のできておらぬ乱駁な状態――乱雑・雑駁で手間ひまかかることを嫌がるような者は決して成るものではない。ちょっと何かできるからといって持ち上げることは、青少年の教育には一番悪い。大人でも同じことで、一芸一能を自慢して、いい気になっておったら駄目であります。

子夏《しか》曰く、賢《けん》を賢《たっと》びて色を易《かろん》じ、父母に事《つか》えて能《よ》く其の力を竭《つく》し、君に事《つか》えて能く其の身を致し、朋友と交わり、言いて信あらば、未だ学ばずと曰うと雖《いえど》も、吾は必ず之を学びたりと謂《い》わん。

（『論語』学而篇）

子夏《しか》という人は、孔子の弟子の中でも学問のよくできた、真面目で、謹厳で、どちらかというと、少し融通のきかぬ人であったが、しかし春秋末期の大動乱の中にあって、魏《ぎ》の文侯というすぐれた実力者から堂々たる待遇を受けておるところを見ると、偉い人物であったに違いないのであります。孔子より四十四歳も若く、したがって孔子在世中はまだほんの青年であったわけであります。

「賢《けん》を賢《たつと》びて色を易《かろん》じ」は、「賢《けん》を賢《けん》として色に易《か》う」と読んでもよろしい。色は性欲ばかりでなく、あらゆる物欲の対象であります。

《賢を貴んで色などを問題にしない。父母に仕えてよくその力をつくし、君に仕えてよくその身を捧げ、よく友達と交わり、言う言葉に信がある。こういう人は未だ学ばずと雖《いえど》も本当に学んだ人と言うべきである》

宗教と科学　世の中には学ばずと雖も学んだ者の及ばぬ人がある。そういう人の学と普通の人間の学とは違うのでありまして、普通の人間の学というものは、知性とか、技能とかいった付属的なもので、言わば学の枝葉末節であります。一々の細かい物象を捉えてやるから科学《えだがく》。これに対して、大本の学は根本の教えであるから宗教《そうきょう》、あるいはこれをしゅうきょうと言うのであります。

二、日常実践項目

孔子曰く、君子は食、飽くを求むる無く、居、安きを求むる無く、事に敏にして而し

て言を慎み、有道に就いて而して正す。学を好むと謂《い》うべきのみ。（『論語』学而篇）

これも『論語』の学而篇にある一節であります。「君子は食、飽くを求むる無く」、君子は腹一杯食ってはいかぬなどと言うと、すぐこの頃の人間は、そういうしちむずかしい道学は困るといって横を向いてしまう。しかし生理学・病理学・衛生学といった科学がやっぱり同じ事を説いておる、というと、たちまち納得する。困ったものであります。

「居、安きを求むる無く」、人間は安居しておっては駄目で、やっぱり雨風にさらされたり、暑さ寒さに鍛えられたり、また時には山野に起き臥ししてこそ生命力・体力というものが鍛えられる。

「事に敏にして言を慎み」、孔子はしきりにこの敏という字を使っておりますが、今日の言葉で言えば、フルに働かせるということです。この夏には不景気のために約二千余の中小企業が倒産したということでありますが、したがってそれらの施設は現在遊んでおるわけで、いわゆる遊休施設になっている。こういう遊休施設はすぐ目につくのでありますが、ここにみんなが忘れておる遊休施設がある。それは己れの脳、つまり頭であります。これくらいもったいない遊休施設はない。我々はこの脳力をフルに働かさねばならない。この脳力をフルに働かせることを敏というのであります。だから私は、びんぼうという時に貧乏という字を使わない。敏忙という字を使う。私は貧乏は嫌でありますが、敏忙は大いに好むところであります。

「事に敏にして而して言を慎む」、何事にも頭をフルに働かせて、しかも言葉を慎み、そうして「有道に就いて而して正す」、「有道」は「道を解する人」「道を持っておる人」、そういう人について正す。独断主義はもっともいけない。

> 孔子曰く、敝《やぶ》れたる縕袍《おんぼう》を衣《き》て、狐貉《こかく》を衣《き》る者と立ちて恥じざる者は、其《そ》れ由か。
>
> （『論語』子罕篇）

敝はやぶれたと読むよりも、ふるびたと読んだ方がよろしい。狐貉は毛皮であります。由は孔子門下の最年長者だけあって着る物などに一向無頓着であった。志のある者は、着る物や身辺のことはあまり気にかけないものであります。この頃はあらゆるマス・メディアを通じてこれでもかこれでもかと贅沢なものを教えるので、こういう《古びたぼろ着物を着て恥じない》などということが難しくなってしまいました。そういう意味では現代人はまことに不幸であります。だから生活の資を多くそういうくだらぬことに使ってしまう。

昔は本郷の大学（東大）の反対側は殆ど本屋であったが、今はパチンコ屋だとかレストランだとかに押されて、昔の半分になってしまっている。「昔の学生は食う物も食わずに本を買ったものです。今の学生は食って飲んで、その上でなければ本を買わない」――と本屋の主人は歎く。我々も学生時代には、本屋によっては借金して買ったものです。「あんたは見込みがあるから貸そう」とか、「あんたはどうも見込みがなさそうだから駄目だ」とか、本屋の親爺にもなかなか面白いのがおりました。今時はそういう書生もおらなければ、本屋もない。まことにコマーシャルになってしまったものであります。

孔子曰く、士、道に志して悪衣・悪食を恥づる者は未だ与《とも》に議《はか》るに足らざるなり。

（『論語』里仁篇）

真に道に志すものは、衣食の粗末なことなど気にするものではありません。

食を共にして飽かず

曲礼《きょくらい》に曰く、食を共にしては飽かず、飯を共にしては手を沢《うるお》さず。飯を摶《たん》することなかれ。放飯することなかれ。流歠《りゅうせつ》することなかれ。咤食《たしょく》することなかれ。骨を齧《か》むことなかれ。魚肉を反することなかれ。狗《いぬ》に骨を投げ与うることなかれ。固く獲《と》らんとすることなかれ。

（『礼記』曲礼上篇）

「曲礼」は『礼記』の中の一篇。「食を共にしては飽かず」、寮生活などしておると、他をしのいでがつがつかきこみ、すき焼きなどして、気がついた時にはなにもない、というような人間が一人や二人おるものです。こういうのは、食を共にして飽こうとするものであります。

「飯を共にしては手を沢《うるお》さず」、昔は飯は木の葉等に盛って、指先でつまんで食べた。だから指をべたべたさせない。今でも東南アジア等に行くと土人がやっておる。「飯を摶《たん》することなかれ。放飯することなかれ」、飯を丸めたり（摶）、食べ放題に食べることをしない。

また、「流歠《りゅうせつ》することなかれ。咤食《たしょく》することなかれ」、流歠は音をたててすすること。スープを飲むのに音をたててすする人がおりますが、西洋人はもっともこれを嫌うようであります。咤食は舌つづみをして食うことで、これは犬や猫のやることであります。

「骨を齧むことなかれ。魚肉を反することなかれ」、骨を噛んだり、魚肉をひっくり返して食べるようなことをしてはいけない。「狗《いぬ》に骨を投げ与うることなかれ」、これはいろいろの意味にとれますが、要するに犬と雖も生物であるから、敬意を表する意味で投げ与えることをしない。こういうことをする人間に限って、人間に対しても投げ与える。人に物を与えることは大事なことで、乞食でも放り出された飯は食わないものであります。物を与えるには与え方がある。敬意を表して与える。人間の微妙な心理であります。

「固く獲《とら》んとすることなかれ」、是が非でも取ろうとしてはいけない。魚を釣っても、釣り落とすということもある。物にこだわるというのは一番いけない。味のある文章であります。

論語に曰く、食《めし》は精《しろき》を厭《きわ》めず。膾《なます》は細きを厭めず、食の饐《む》れて餲《す》え、魚の餒《あざ》れて肉の敗《ふる》きは食わず。色の悪しきは食わず。臭の悪しきは食わず。飪《に》るを失えるは食わず。時ならざるは食わず。割《きりめ》正しからざれば食わず。その醤を得ざるときは食わず。肉は多しと雖《いえど》も食気に勝たしめず。唯《た》だ酒は量無けれども乱に及ばず。沽酒《こしゅ》や市脯《しほ》は食わず。薑《はじかみ》を撤せずして食う。多く食わずと。

（『論語』郷党篇）

『論語』に孔子はこういうことを言っている。飯はあまり精白にせず、六分か七分搗《づ》きにし、膾《なます》も細かくきざまない。飯のむれて酸っぱくなったのや、魚の肉の古くなったもの、色の悪いもの、臭いの悪いもの、煮方の失敗したものは食わない。「時ならざるは食わず」、時季時季のものを食べる。近頃は四季だけでなく、緯度・経度まで無視して、いつでもどこでもいろいろなものが食べられますが、これは生理的にも病理的にもよくないそうであります。「割正《きりめ》しからざれば食わず」、庖丁の入れ方の悪いのは気持の悪いものです。醤――たとえばわさび。わさびのない時は魚の刺身を食わない。わさびは魚肉の毒除けであります。いくら肉がたくさんあろうとも、食欲を考えて食べ過ぎるようなことはしない。酒はいくら飲んでもよいが、乱酔するまでは飲まない。これ（原文は「唯酒無量、不及乱」）をある漢学者が、「酒は量《はか》るなかれ。及ばずんば乱す」と読んだという笑話があります。また買って来た酒（沽酒）、買って来た乾し肉（市脯）は食わない。はじかみを除けずに食い、多食するようなことはしない。一々もっともな孔子の食生活法であります。

汪信民嘗《おうしんみんつね》に言う。人常《ひとつね》に菜根を咬《か》み得ば則《すなわ》ち百事做《な》すべしと。胡康侯《こここう》之を聞き、節を撃ちて嘆賞せり。（『呂氏師友雑録』）

汪、名は革。程明道《ていめいどう》・程伊川《ていいせん》・司馬光《しばこう》等の道統を継ぐ哲士の一人でありますが、「菜っ葉や大根を噛んで、貧乏生活に甘んじておることができるならば、何事でもなすことができる」と言った。胡康侯（胡文定公、胡安国、字《あざな》は康侯、文定は諡《おくりな》。晩年、高宗の諮問にあずかる）

という学者がこれを聞いて、拍子を打って感心したという。人間は欲を出すから何もできなくなる。

> 劉《りゅうこう》公賓客を見て談論時を踰《こ》ゆるも体敧側《たいきそく》する無く、肩背竦直《けんぱいしょうちょく》にして身少しも動かず。手足に至るも亦《また》移らず。（『元城語録』序）

劉公とは劉安世《りゅうあんせい》のことで、司馬《しば》温公の弟子であります。至誠というものに目鼻をつけたような人で、『宋名臣言行録』を読んでも、実に感激措《お》く能《あた》わざるものがあります。その劉公は何時間坐って話をしておっても、身動き一つしなかったという（敧側＝傾くこと。竦直＝精神を奮い起こして、まっすぐにしていること）。なかなか出来ることではありません。

西園寺公望《きんもち》公もそういう人で、第一次大戦の講和会議に代表として行かれた時には、各国の新聞記者がマーブル・スタチュー（大理石の塑像）と言って感心したということであります。もっとも大理石の像という言葉には、なにも発言しないからという皮肉もあったようでありますが、とにかくぴたりと腰をかければ最後まで身動き一つしなかったという。鍛えられた人というものは、どこかに違うところがあるものであります。

＊《『宋史』に「安世、儀状魁碩にして音吐、鐘の如し。……家居するに未だ惰容あらず。

久坐して身傾倚せず、字を作るに草書せず」とある》

管寧《かんねい》嘗《つね》に一木榻《とう》上に坐す。積って五十余年、未だ嘗《かつ》て箕股《きこ》せず。其の榻の上の膝に当る処皆穿《うが》てり。

（『三国志』魏志）

管寧《かんねい》は『三国志』に出てくる人物で、掛値なく哲人と言うことのできる至高至純の人であります。いつも木の榻《ゆか》に正坐して、五十余年間というもの一度もあぐらをかいた（箕股）ことがなかった。そのために膝の当たるところが引っこんでおったという。徹底して坐った人であります。

明道《めいどう》先生、終日端坐《たんざ》して泥塑《でいそ》の如し。人に接するに及んでは則ち渾《すべ》て是《こ》れ一団の和気。

（『程氏外書』）

程明道先生は終日端坐《たんざ》して、ちょうど泥でつくった彫刻のようであった。そうして「人に接するに及んでは則ち渾《すべ》て是れ一団の和気」、あたりが和やかな気分につつまれてしまう。まことに春風駘蕩《たいとう》たる人であります。これに反して弟の伊川の方は秋霜烈日といったタイプの人で、兄弟いいコントラストをなしておったわけであります。

三、学修の基本則

曾子《そうし》曰く、君子、道に貴ぶ所の者三あり。容貌を動かしては斯《すなわ》ち暴慢を遠ざかり、顔色を正しては斯ち信に近づく、辞気を出しては斯ち鄙倍《ひばい》を遠ざかる。(『論語』泰伯篇)

曾子が言うには、「君子が道に於て貴ぶところのものが三つある」と。まず、「容貌態度から暴慢を去ること」。暴慢とは洗練を欠くわけであります。

第二に、「顔色を正しては斯《すなわ》ち信に近づく」。顔色というものは誠の表現にならなければならない。人間の精神状態は汗にも、血液にも、呼吸にも、直ぐ反応するもので、したがって顔面にもことごとく現われる。

前にもたびたびお話ししたように、ベルリンの医科大学の皮膚科で東洋の人相の書物を集めておるというので、調べたところ、顔面皮膚は身体のどの部分よりも鋭敏で、体内のあらゆる機能が集中しておる。したがって体内の状態がことごとく顔面に現われる。それが人相の書物にすべて出ておるというので、これを集めておるのだという。すべてが顔色に現われる。これを逆に顔色を正しくして信に近づくわけであります。だから顔色を動かしたりしておっては信に近づくことができない。出来ておらぬ証拠であります。

第三に、「辞気を出しては斯ち鄙倍《ひばい》を遠ざかる」。人間の精神というものは、それが低い場合には何かに衝突する。そうした場合にすぐ言葉遣いやムードに出てくる。倍は「そむく」意です（鄙倍は、心が卑しく、道理にそむくこと）。これが辞気（ことばつき。口のききよう）というもので、したがってその辞気が卑しくないように、矛盾のないように心がける。これも大事な自己鍛錬であります。

> 仲由《ちゆうゆう》、過《あやまち》を聞くを喜び、令名窮《きわ》まり無し。今人《こんじん》過有るも人の規《ただ》すを喜ばず。疾《やまい》を護《まも》って医を忌《い》むが如し。寧《むし》ろ其の身を滅《ほろ》ぼすも而も悟ること無きなり。噫《ああ》。
>
> （周濂渓の言葉）

どうも人間というものは過《あやま》ちを聞くことは喜ばぬもので、これはいつの時代でも同じことであります。これでは病気を守って医者を拒否するのと同じことで、その過ちで身を滅《ほろ》ぼしても悟ることができない。「人生は習慣の織物である」とアミエルもその日記に申しておりますが、過ちを指摘された場合には、これを素直に聞く習慣をつけることが大事であります。

＊『孟子』公孫丑上篇に、「子路《しろ》は人之に告ぐるに過あるを以てすれば、則ち喜ぶ」とある。子路は仲由のこと。

胆大心小

孫思邈《そんしばく》曰く、胆《たん》は大ならんことを欲し、而して心は小ならんことを欲す。智は円ならんことを欲し、而して行は方ならんことを欲す。

（『唐書』隠逸伝）

これは『唐書』の隠逸伝にあるのを引用した一文であります。本文は明代にできた「清言」という種類の著述にもずいぶん引用されております。清言というのは、竹林の七賢などによって代表される、現実を無視した自由な言論を事とする、いわゆる清談とは趣を異にし、明代の知識・教養の高い人びとが、その頃になって渾然《こんぜん》と融合されて来た儒・仏・道の三教に自由に出入りして、それぞれ自分の好みから会心の文句や文章を拾い出し、それに自分の考えをつけた読書録のことで、今日のいわゆる何々ノートといった種類のものであります。日本で有名なものでは『菜根譚』や『酔古堂剣掃』『寒松堂庸言』というようなものがあります。例えばこの文章の後には、「志は雄にして、情は細なり。見高くして、言平なり」、というようなことをつけ加えております。

さて、「胆《たん》は大ならんことを欲し、而して心は小ならんことを欲す」、こういう場合の胆は胆嚢・肝臓であり、心は心臓としてよい。肝臓・胆嚢・心臓が人間の心理に独特の影響・交渉を持つことは、今日の生理学が解明しておりますが、胆嚢・肝臓は実行力に影響する。だから「胆は大ならんことを欲す」とは、大きな実行力を持たねばならぬ、ということであります。したがって実践力のともなう見識のことを胆識と言う。ところが実行するには綿密な観察をする必要がある。そういう知力が「心」というものであります。胆・心両方が相伴って初めて危気なく実行できる。

「知」の本質　同様に、「智は円ならんことを欲し、而して行は方ならんことを欲す」、智(知)の本質は物を分別し、認識し、推理してゆくにある。だから「物分かり」という。しかし「分かつ」という働きがだんだん末梢化してゆくと、生命の本源から遠ざかる。本当の智というものは物を分別すると同時に、物を総合・統一してゆかねばならない。末梢化すれば常に根本に還らなければならない。これが円であります。仏教では「大円鏡智」ということを説きますが、分別智は同時に円通でなければならない。

「而して行は方ならんことを欲す」、「方」は方角であります。行なうということは現実に実践することでありますから、必ず対象というものを生ずる、相対的になる。これが方であります。だから方をくらべると読むし、また相対的関係を正しくするという意味でただしいと読むのであります。「行」はどうしても相対的境地に立つから、その相対的関係を正しく処理された場合にこれを「義」と言い、方義・義方と言うのであります。

しかし世の中というものは往々にして智は円になりそこね、行は方になりそこなって、無方になりがちであります。幕末、武士階級を罵った落首に、

「世の中は左様でござる、ごもっとも、なんとござるか、しかと存ぜず」

というのがありますが、幕府の支配階級はそのために亡んだのであります。今日の知識階級などにもこういう連中が多い。行は方ならんことを欲する。筋道を立てるということはなかなか難しいことであります。

先憂後楽

范文正《はんぶんせい》公少《わこ》うして大節《たいせつ》有り。其の富貴《ふうき》・貧賤《ひんせん》・毀誉《きよ》・歓戚《かんせき》に於て一《いつ》も其の心を動かさず。而《しこう》して慨然《がいぜん》天下に志《こころざし》有り。嘗《かつ》て自ら誦して曰く、「士は当《まさ》に天下の憂いに先んじて憂い、天下の楽しみに後れて楽しむべきなり」と。

其の上《かみ》に事《つか》え、人を遇するに、一以て自ら信にし、利害を択《えら》んで趨捨《すうしゃ》を為《な》さず。其の為す所有れば、必ず其の方《みち》を尽して曰く、之を為す我による者は当《まさ》に是《かく》の如くすべ

し。其の成ると否と我に在らざるある者は、聖賢と雖《いえど》も必する能《あた》わず。吾れ豈《あ》に苟《かりそめ》にせんやと。
（『欧陽文忠公文集』）

范文正公《はんぶんせいい》はその名を仲淹《ちゅうえん》といい、北宋時代に於ける名大臣・名将軍として、行くとして可《か》ならざるなき人物であったばかりでなく、人間としても実に立派な人で、「天下の憂いに先んじて憂い、天下の楽しみに後れて楽しむ」の名言は、彼の「岳陽楼記」の中の一節であります。

さて本文は、《范文正公は若くして大いなる節義があった。したがって富貴とか、貧賤とか、毀誉とか歓戚（喜憂。戚は憂える）とかいうようなことには、少しも心を動かすことはなかった。そうして慨然（いきどおり嘆くさま）天下に志を持っていたのである。かつて自ら誦して言う、「士というものは天下万民の楽しみに後れて楽しむべきである」と。その上《かみ》に仕え、人を遇するを見るに、ひたすら自らを信にし、利害を計って付いたり捨てたりするようなことはなかった。為す所あれば必ず方義を尽くしてこれに当たった。そうして言うには、「自分が自律的・自主的に立ってやることとは、当《まさ》にかくの如くすべしというう至上命令に従ってやるべきで、成る成らぬというものは、即ち運命というものは、必ずしも自分の意志通りにゆくものではない。これはいかなる聖賢といえども必することのできるものではないのであるから、どうしてかりそめにやってよいものであろうか。ただ人事を尽くして天命を待つほかはないのである」と》。范仲淹という人はこういう人であったわけであります。

明道《めいどう》先生曰く、聖賢の千言万語、只是《ただこ》れ人已《すで》に放てる心を将《も》って、之《これ》を約《つづ》めて反復身に入れ来たらしめ、自《おのずか》ら能《よ》く尋《たず》ねて向上し去り、下学《かがく》して上達せんことを欲するなり。

（『二程遺書』）

《聖賢のあらゆる教えは、要するに外へ放り出してしまって外物に支配されている心を掴んで、これを要約して、その抜けてしまった心を自分というものに反《かえ》らしめ、自分でよく反省し追求して、そうして向上してゆく。自分は低きについて学んで、そうして上達してゆく》

我々人間には三つの原則があります。第一は自己保存ということ。身体の全機能・全器官が自己保存のために出来ておる。第二は種族の維持・発展ということ。腎臓にしても大脳にしても、あらゆる解剖学的全機能がそういうふうに出来ている。第三には無限の精神的・心理的向上。人間は他の動物と違って、精神的に心霊的に無限に向上する、いわゆる上達するように出来ている。

これは人間自然の大原則でありますが、近代文明は誤ってこの厳粛な三つの原則のいずれにも背きつつある。文明の危機に到達した原因はここにあるのです。これは今日の科学者や哲学することのできる学者たちの一致して論断するところでありますが、明道先生は何百年も昔にはっきりとこれを指摘しておるわけであります。要するに人間というものは、自分が自分にかえって無限に向上するということが大事であって、これは古学も現代学も、哲学も科学も変わらざる真理であります。

顔氏家訓《がんしかくん》に曰く、人の典籍《てんせき》を借りては皆須《すべか》らく愛護すべし。先に欠壊《けっかい》有らば、就《すなわ》ち為に補治《ほち》せよ。此れ亦《また》士大夫《したいふ》百行の一なり。済陽《さいよう》の江禄、書を読んで未だ竟《お》えざれば、急速有りと雖《いえど》も、必ず巻束《かんそく》整斉を待って然《しか》る後《のち》起《た》つことを得たり。故に損敗《そんはい》無し。人其《そ》の仮《か》るを求むるを厭《いと》わず。几案《きあん》に狼藉《ろうぜき》し、部秩《ぶちつ》を分散することあらば、多く童幼婢《ひ》妾《よう》の為に点汚《てんお》せられ、風雨虫鼠《ちゅうそ》に毀傷《きしょう》せらる。実に徳を累《るい》すとなす。吾れ聖人の書を読む毎《ごと》に未《いま》だ嘗《かつ》て粛敬《しゅくけい》して之に対せずんばあらず。其の故紙《こし》にても五経の詞義及び聖賢の姓名有れば敢て他に用いざるなり。

（『顔氏家訓』）

顔氏《がんし》とは顔回《がんかい》ではなくて、南北朝時代の斉《せい》の顔之推《がんしすい》のことであります。なかなかの教養人で、『顔氏家訓』という書物を見ても、思想・見識はもちろん、文芸の面からいっても立派なものであります。

《人の書物を借りた場合には大事にしなければならない。借りる前に壊れておるところがあった時には、これを補修せよ。これは士大夫として行なわねばならぬ百行の一である》。済陽《さいよう》の済は山東の川の名で、陽は水の場合には北を指し、陰は南、山の場合は反対。《そこで済水の北の江禄という名高い読書人は、書を読んで未だ終らぬ時には、どんな急用があっても、必ず書を元に巻きかえて（その頃の書物は主に巻物であった）、その上で起《た》った。だから書物が損じたり壊れたりすることはなかった。そこで人は彼に書物を貸すのを、むしろ貸せば立派になって返ってくるので、誰も嫌がらなかった。机上におっぽり出して、あっちこっち散らかすというと、たいがい幼児や召使いのために汚されたり、風雨虫鼠に壊されたり傷つけられたりする。実に徳を累するものである。自分は聖人の書物を読む時には、未だかつて厳粛に敬ってこれに向かわなかったことはない。どんな古紙でも五経の言葉や聖賢の姓名があれば、絶対に他に用いるようなことはしたことがない》

これが人間の心得というもので、大事なことはそれ以前の本能的直観、あるいは徳性、そういうものを豊かにすることであります。

学問の目的

顔氏家訓《がんしかくん》に曰く、夫《そ》れ読書学問する所以《ゆえん》は、もともと心を開き目を明らかにし、行《おこな》いに利《と》からんことを欲するのみ。未《いま》だ親《しん》を養うを知らざる者には、其《そ》の古人《こじん》が、意に先んじ、顔を承《う》け、声を怡《やわ》らげ、気を下《くだ》し、劬労《くろう》を憚《はばか》らず、以て甘輭《なん》を致すを観《み》て、惕《てき》然《ぜん》として慚懼《ざんく》し、起《た》って而《しこう》して之を行なわんことを欲するなり。

未だ君に事《つか》うることを知らざる者には、其の古人が、職を守りて侵す無く、危うきを見て命《めい》を授け、誠諫《せいかん》を忘れずして以て社稷《しゃしょく》を利するを観て、惻然《そくぜん》として自《みずか》ら念《おも》い、之に效《なら》わんと思欲せんことを欲するなり。

素《も》と驕奢《きょうしゃ》なる者には、其の古人が、恭倹《きょうけん》にして用を節し、卑以《ひもつ》て自ら牧《やしな》い、礼は教えの本《もと》たり、敬《けい》なるものは身の基《もとい》なることを観て、瞿然《くぜん》として自失し、容《かたち》を斂《おさ》め、志《こころざし》を抑《おさ》えんことを欲するなり。

素と鄙悋《ひりん》なる者には、其の古人が、義を貴《たっと》び財を軽《かろ》んじ、私《わたくし》を少くし、慾を寡《すくな》くし、盈《み》つるを忌《い》み、満つるを悪《にく》み、窮《きゅう》を賙《にぎわ》し、匱《とぼ》しきを恤《あわれ》むを観《み》て、赧然《たんぜん》として悔い恥じ、積みて能《よ》く散ぜんことを欲するなり。

素と暴悍《ぼうかん》なる者には、其の古人が、心を小にし、己れを黜《しりぞ》け、歯は敝《やぶ》るるも舌存《したそん》し、垢《こう》を含み疾《しつ》を蔵《ぞう》し、賢《けん》を尊び衆《しゅう》を容《い》るるを観て、茶然《でつぜん》として沮喪《そそう》し、衣《い》に勝《た》えざるがごとくならんことを欲するなり。

素と怯懦《きょうだ》なる者には、其の古人が、生《せい》に達し命に委《ゆだ》ね、強毅正直《きょうきせいちょく》、言《げん》を立つる必ず信あり、福《さいわい》を求めて回《まが》らざるを観て、勃然奮厲《ぼつぜんふんれい》し、恐懼《きょうく》すべからざらんことを欲するなり。

茲《これ》を歴《へ》て以往《いおう》、百行皆然《みなしか》り。縦《たと》え淳《じゅん》なる能《あた》わずとも、泰《たい》を去り甚《じん》を去り、之を学んで知る所《ところ》、施《ほどこ》して達せざる無し。世人《せじん》書を読んで但《た》だ能《よ》く之を言うも、之を行なうこと能わず。武人・俗吏の共に嗤詆《してい》する所、良《まこと》に是《こ》れに由《よ》るのみ。

又数十巻の書を読むあれば、便《すなわ》ち自ら高大《こうだい》にし、長者《ちょうじゃ》を凌忽《りょうこつ》し、同列を軽慢《けいまん》す。人《ひと》之《これ》を疾《にく》むこと讎敵《しゅうてき》の如く、之を悪《にく》むこと鴟梟《しきょう》の如し。此《かく》の如きは学を以て益を求めて今反《いまかえ》って自ら損ず。学無きに如《し》かざるなり。

（『顔氏家訓』）

《顔之推《がんしすい》の家訓に言う、「一体書を読み学問する所以《ゆえん》は何かと言えば、もともと本当の心を開き、見る目を明らかにして、実践することに活発ならんことを欲するだけのことである。

まだ本当に親を養うことを知らない者には、古の人が、顔の色でちゃんと親の欲するところを見抜き、声を和らげ、怒りやすいのをぐっとこらえて、苦労を厭うことなく、そうして甘くやわらかくいい気持に尽くすを観《み》て、心にぐっと恥じ懼《おそ》れて、起《た》ってこれを行なうようにするのである。

まだ君に仕えることを知らぬ者には、古《いにしえ》の人がちゃんと職を守って、危うきを見ては命懸けでこれを助け、誠意をもって諫言し国家を利するを見て、大いに心に悪かったと感じて、自分もこれに倣わんことを思わしめるのである。

もともと贅沢な人間には、古人が恭倹で用を節約し、身分の低い貧乏生活を以て自ら養い、礼は教えの本であり、敬は身の基である、というふうにしている有様を観て、懼れて茫然自失し、かたちを改めて、贅沢せんとする気持を抑えんことを欲せしめるのである。

心のけちなる者には、古人が義を貴んで財物を軽んじ、私をなくして寡欲で、満ち足りるを忌み嫌い、困窮しておる者を賑わし、貧しき者を憐れむのを観て、顔が赤くなって悔い恥じ、財を積んではよく散ぜんことを欲せしむるのである。

粗暴で気が荒い者には、古人が細《こま》かく心配りをし（小心）、己れを虚しうし（黜）、堅い歯は欠けても柔軟な舌は長く存するという理をわきまえて人と争うようなことをせず、自分に関しては恥辱《はずかしめ》（垢）や悩み（疾）をも胸に蔵《おさ》めて、そうして賢人を貴び衆人を容《い》れるのを観て、心にぎくりとしてそのままではおれないように、悪に対しては強いが、善に対しては弱い、というふうになってもらいたいのである。

生来怯懦《きょうだ》なる者には、古人が、生に達し、天命に委ねて、強毅正直、言う言葉には必ず信があり、福を求めて挫けることのないのを観て、勃然として奮励し、なにものも恐れない勇気を出してもらいたいのである。

まあこういうことから始まって、いろいろの行ないは皆そうである。たとえ純粋に古人と同じようにできなくとも、泰を去り（泰は甚に同じ、過度のこと）甚だしきを去って、学んで知るところは施して達せざることなし。これが聖賢の学問の要旨である。世人は書を読んで、よく口頭に言うけれども、これを行なうことをしない。武人や俗史の共に嗤《わら》いそしるのも、ただこれによるだけである。

世に学者出でてより有徳を見ず。ちょっと数十巻の書を読むとすぐ自ら偉くなって、長者をしのぎ、同列の者を見下してしまう。そうして人から讎敵《あだかたき》の如く、ふくろうの如く憎まれる。これでは学問をして益を求めて、かえって反対に自ら害《そこな》うのと同じで、学問をして人間を害うならば、むしろ学問などない方がよいのである」と》。よし学問がなくとも、善人たることを害うものではないのであります。

伊川《いせん》先生曰く、顔淵、己れに克《か》ち礼を復《ふ》むの目《もく》を問う。孔子曰く、非礼視《み》ること勿れ、非礼聴くこと勿れ、非礼言うこと勿れ、非礼動くこと勿れと。四者は身の用なり。中《なか》に由って外に応ず。外に制するは其の中を養う所以《ゆえん》なり。顔淵斯《こ》の語を事とす。聖人に進む所以なり、後の聖人を学ぶもの、宜しく服膺《ふくよう》して失うことなかるべきなり。因《よ》って箴《しん》して以て自ら警《いまし》む。

其の視箴《ししん》に曰く、心は本《もと》虚。物に応じて迹《あと》無し。之を操《と》るに要あり。視《し》之が則たり。蔽《へい》、前に交れば、其の中《うち》則《すなわ》ち遷《うつ》る。之《これ》を外に制して以て其の内を安んず。己れに克《か》ちて礼を復《ふ》む。久しうして而《すなわ》ち誠《まこと》なり。

其の聴箴に曰く、人秉彝《へいい》あり。天性に本づく。知誘《あざむ》かれ物に化《か》され、遂に其の正を亡《うしな》う。卓《たく》たる彼《か》の先覚、止《とど》まるを知り定まるあり。邪を閑《ふせ》いで誠を存す。非礼聴くこと勿れ。

其の言箴《げんしん》に曰く、人心の動は言に因《よ》って以て宣《の》ぶ。発するに躁妄《そうぼう》を禁ずれば、内斯《すなわ》ち静専《せいせん》なり。矧《いわ》んや是れ枢機にして、戎《じゅう》を興《おこ》し好を出《いだ》し、吉凶栄辱、惟《こ》れ其の召《まね》く所なるをや。易《い》に傷《やぶ》れば則ち誕《たん》、煩に傷れば則ち支、己れ肆《ほしいまま》なれば物忤《さから》う。出づること悖《もと》れば来ること違う。非法道《い》わず。欽《つつ》しめや訓辞。

其の動箴に曰く、哲人幾《き》を知る。之を思《し》に誠にす。志士行を励む。之を為《しわざ》に守る。

理に順《したが》えば則ち裕《ゆたか》なり。欲に従えば惟《こ》れ危うし。造次にも克《よ》く念《おも》い、戦兢《せんきょう》自ら持し、習い性と成れば、聖賢と帰《き》を同じうす。

（『伊川文集』）

《程伊川《ていいせん》先生が言われた。顔淵が「己れの欲望を克服して礼を実践せよ」という孔子の教えの具体的な実践項目（手がかり）を尋ねたとき、孔子は答えられた、「礼に外《はず》れたことは視ず、礼に外れたことは聴かず、礼に外れたことは言わず、礼に外れたことは行なわないことだ」と。視聴言動の四者はいずれも肉体の作用である（見えるのでなく視る、聞こえるのでなく聴く。この場合、視と聴とは意志的なはたらきである）。そしてこの四者のはたらきは、肉体を統《す》べている心（中は心）に由って外界の刺戟に反応するのである。そこで心に影響を及ぼす外界の刺戟に対して、心と外物とを中継する視・聴・言・動のはたらきを、自らの主体的な意志によって規制すれば、それが逆に内なる心を養う所以となるのである。顔淵が「回、不敏と雖《いえど》も、請ふ斯《こ》の語を事とせん」といって克己復礼《こくきふくれい》の実践につとめたのは、顔淵が聖人の境涯に進んだ所以である。後世の聖人を学ぶ者は、このところを拳々服膺《けんけんふくよう》（常に心の中において離さないこと）して忘れてはならない。よって箴《しん》（病を治すハリ）として自ら警《いまし》めるのである。

第一の視箴（「視」についての戒め）に曰く、心はもともと空虚《から》である。ただ外物に応じて反応を示すものの、物が去れば、あとは何も残らない。この心をしっかり把持する要《かなめ》がある。

それは視るというはたらきで、これが心を左右する大切な基準なのである。ところがこの視るというはたらきも、眼の前の外物によって蔽われるときは、それによって心も誤った方向に遷ることになる。そこで視るはたらきを自制することによって、心を安定させるのである。このように正しく視る――己れに克《か》って礼を復《ふ》むこと久しくして、誠の境地に到達できるのである。

第二の聴箴に曰く、人間には不変性・恒常性を乗《と》り守るという生まれつきの天性がある。ところが往々にして知が外物に誘《あざむ》かれ、物に化《か》せられて、正しい判断力を喪失することがある。そこで古の卓《すぐ》れた先覚者は「止まるを知り定まるあり」（『大学』）、外界からの邪悪をふせいで内なる誠を存したのである。だから非礼を聴いてはならないのである。

第三の言箴に曰く、人心の動きは言葉によって表現される。躁《さわ》がしい、でたらめな物言いをしないように心がければ、自然に内なる心は静かに専一になる。まして「言行は君子の枢機（肝腎かなめ）」（『易経』）という。要人の一言で戦争ともなり、友好親善ともなるのである。吉凶も栄辱もみな言葉の招くところである。ところが言葉が簡易に過ぎると（「傷」は欠陥、そこなう）、どうでもいいように（誕）受けとられ、煩瑣に過ぎると、支離滅裂になる。放肆《ほうし》（でたらめ）勝手な発言をすれば、相手はことごとに反発するし、道理に悖《もと》った発言をすれば、ひどい反応が反ってくる。非理非法の発言をしてはならない。孔子の訓辞をつつしむべきである。

第四の動箴に曰く、哲人は物事の機微を知り、その思索を誠ならしめる。志士は実践活動に励み、その行為の正しさを守る。道理にしたがえば綽々《しゃくしゃく》たる余裕を生じ、利欲にしたがえば危険である。いかなる場合にも道理を念頭におき、常に「戦々兢々《きょうきょう》として深淵に臨むが如く、薄氷を履むが如く」（詩経）慎重に行動すべきである。たゆまざる努力をつづけて、そのような習慣がいわゆる習い性となれば、究極的には聖賢と帰着点を同じうするものである》

「礼」と「楽」

「礼」とは今日の言葉で言えば、部分と部分、部分と全体との調和・秩序であります。人間は常に自己として在ると同時に、自己の集まってつくっておる全体の分として、それぞれみな秩序が立っておるのでありまして、これを「分際」と言う。限界であります。これに対して自分の存在を「自由」と言う。人間は「自由」と同時に「分際」として存在する。これを統一して「自分」と言うのであります。したがって自己というものは、自律的統一と共に自律的全体であり、全体的な調和であります。これが「礼」と言うもので、あらゆる自己がそれぞれ「分」として、全体に奉仕してゆく、大和してゆく。それが円滑なダイナミックな状態を「楽《がく》」というのであります。「礼」と「楽」とは儒教の最も大切なものの二つであります。全体的調和を維持してゆくには、どうしても各々が「自分」にならなければならない。自己になってはいけない。自己は「私」というもので、私という字は禾偏にムと書きますが、ムは曲がるで、禾《いね》を自分の方に曲げて取ることで、それをみんなに分けてやるのが「公」であります。いかに「自己」を抑えて「自分」になるか。これが「己れに克って礼を復む」ということであります。復はかえるでもよろしい。

顔回がそのことを孔子に尋ねた。すると孔子が言われるには、非礼は視てはいけない。非礼は聴いてはいけない。非礼は言ってはいけない。非礼は行なってはいけないと。この四つは身の用である。そこで、伊川先生はこの視・聴・言・動の四つを警《いまし》めとして道の学問に精進したのであります。秉彝《へいい》――秉はとる、彝はつね。即ち不変性・法則性をいう。幾は機に同じ。機微・ポイント。非礼は「礼に非ずんば」と読んでもよろしい。

范益謙の座右戒

范益謙《はんえきけん》座右の戒に曰く、

一、朝廷の利害・辺報・差除を言わず。

二、州県官員の長短得失を言わず。

三、衆人作《な》す所の過悪を言わず。

四、仕進官職、時に趨《はし》り勢に附くを言わず。

五、財利の多少、貧を厭《いと》い、富を求むるを言わず。

六、淫媟《いんせつ》・戯慢・女色を評論するを言わず。
七、人の物を求覓《きゆうべき》し、酒食を干索することを言わず。
又曰く、
一、人書信を附すれば開拆《かいたく》沈滞すべからず。
二、人と並び坐して人の私書を窺《うかが》うべからず。
三、凡《およ》そ人の家に入りて人の文字を見るべからず。
四、凡そ人の物を借りて損壊不還すべからず。
五、凡そ飲食を喫するに揀択《かんたく》去取すべからず。
六、人と同じく処《お》るに、自ら便利を択ぶべからず。
七、人の富貴を見て嘆羨詆毀《たんせんていき》すべからず。
凡そ此の数事、之を犯す者あれば以て用意の不肖を見るに足る。心を存し身を修むるに於て大いに害する所あり。因《よ》って書して以て自ら警《いまし》む。

（呂祖謙『東莱弁志録』）


范益謙《はんえきけん》は北宋の名臣祖禹《そう》の子沖（字は元長）という注もありますが、詳《つまび》らかにしません。

《その座右の戒に曰く、一に、朝廷の利害に関することや国境の問題、あるいは転任・任命に関することは言わない》。その道の人が話し合うのはよいが、何も内情の分からぬ者が政府のいろいろの問題をとやかく言うのはいけないことであります。また、私生活に公生活・職生活の問題を持ち込むことも、決して好ましいものではありません。水も使いっ放しではいけないので、やっぱり貯めることも必要であります。私生活は言わば貯水池のようなもの、なるべく別天地にしておきたいものであります。その意味で同職の夫婦は往々にして失敗するものです。例えば医者が、さんざん患者を診《み》てうんざりして家に帰る。帰ったらこれまた医者の奥さんが患者の話をする。これでは朗らかになれる筈がない。夫婦というものは違ったものがいっしょになるのでよいのであります。その意味においても男と女は違わなければならない。ところが近頃は男が女のように、女が男のようになって区別がつかない。これは生物の世界から見ても退化現象であります。生物の世界も、繁栄する時には多種多様性を帯び、生命力が沈滞してくると単調になってくる。

今日の文明はあまりにも単調になり過ぎております。思想を右と左に分けたり、イデオロギーを振り廻したり、生の複雑微妙な内容や特徴を無視して、極めて単調化してしまう。これは一つの抽象化現象であります。みだりなる抽象化は生の力を阻害する。これは肉体現象でも精神現象でも明瞭なことであります。イデオロギーなどをもてあそぶのは、人間が浅薄になっておる証拠です。だから本当に物が分かってくれば、べらべらしゃべらない。いずれにしても日常の私生活にまで、つまらぬ社会問題など論じない方が良いのであります。

《二に、地方官吏の長短や得失などを言わない。

三に、民衆のなすところの過ちや悪事を言わない。

四に、官職にあっては、時の勢力にくっついて走り廻るようなことは言わない。

五に、財物や利益を追って、貧乏をいとい、富を求めるようなことは言わない。

六に、性欲や戯慢（不真面目なことや、だらしのないこと）や女色に関するようなことは言わない。

七に、人に物を求めたり、酒色を催促するようなことはしない。

また言う、一に、手紙を寄越せば、これを開くのを放って置いてはいけない》

私などもこれは常に心掛けておるのでありますが、なかなか努力の要ることであります。

《二に、人と竝んで坐って、他人の私書をのぞいてはいけない。

三に、他人の家に行って、私人の書いたものを見てはいけない。

四に、人に物を借りて、損じたり、返さなかったりしてはいけない》

これの代表的なものは書物であります。貸したら最後返ってこない。そこで昔から書物と花だけは泥棒してもよいとも言う。情けあることです。

《五に、すべて飲食に択《よ》り好みを言ってはいけない。何でも有難く食べるべきです。

六に、人と同じくおるのに、自分だけが都合のいいように択ぶことはいけない。都会におって電車などに乗ると、実際情けなくなります。

七に、人の富貴を見て羨んだり、貶したりしてはいけない。

おおよそ、この幾つかの事、これを犯す者は、心掛けのいけないということがわかる。修養するのに大いに害がある。そこで書して以て自ら警《いまし》むるの戒としたのである》と。

正誼明道

董仲舒《とうちゅうじょ》曰く、仁人《じんじん》は其の誼《ぎ》を正しうして其の利を謀《はか》らず。其の道を明らかにして其の功を計らずと。（『漢書』董仲舒伝）

董仲舒《とうちゅうじょ》は漢の武帝《ぶてい》の時代における大官であり、碩学《せきがく》であります。「誼《ぎ》」とは言葉の宜《よろ》しきを得ることで、道義の「義」に通ずる語であります。本文は決して利というものを問題にしないとか、功というものを抹殺するという意味ではない。「正誼・明道」と「功利」のどちらを主眼にするかということであります。普通の人間は功利を主眼にするが、仁人はその逆で、正誼・明道を建前にして、その結果どういう利益があるか、というようなことは自然の結論にまかす（「正誼明道」について七七頁参照）。ソ連との貿易問題にしても、やはり人間の良心や道義という点から考えて判断をし、それから後で貿易といったような功利を導き出すことが肝腎であります。

呂正献公《りよせいけん》、少《わか》きより学を講ずるに、即ち心を治め性を養うを以て本と為《な》し、嗜慾《しよくよく》を寡《すくの》うし、滋味を薄うし、疾言遽色《しつげんきよしよく》無く、窘歩《きんぽ》無く、惰容《だよう》無し。凡《およ》そ嬉笑・俚近《りきん》の語、未だ嘗《かつ》て諸《これ》を口より出《いだ》さず。世利・紛華《ふんか》・声伎・游宴より以て博奕《ばくえき》・奇玩《きがん》に至るまで淡然として好む所《ところ》無し。

（『呂申公家伝』）

呂正献公《りよせいけん》、名は哲、後に賢者たらんことを希《ねご》うて希哲と改む。正献公は諡。疾言遽色《しつげんきよしよく》は早口で物を言い、顔色を急に変えること。窘歩《きんぽ》の窘はせかせか歩く意であります。〈惰容は、だらしないようす、世利は世間的な利益、紛華は華々しいこと、声伎の声は音曲、伎は遊戯〉。

東洋にはこういう人が多い。あまり物欲にとらわれない。貧乏も浪人も苦にならない。これは精神生活が発達しておるからであります。私が学生の頃から忘年の交わりをした人に寒川鼠骨《さむがわそこつ》という人があります。松山の出身で、子規《しき》門下の俳人でありますが、深く禅にも参じておった。実に淡然として好むところの無い人で、したがって、もちろん貧乏であった。絵画に画商というものがあるごとく、俳句にも俳商という者があって、（高浜）虚子《きよし》などもこれをうまく利用して有名になった人でありますが、寒川先生は全くそういうことはやらなかった。ある時、ちょうどそういう俳商の一人が訪ねて来て、しきりに先生をおだてては短冊を書いて商売をさせろと言う。私は側でじっと聞いておったのですが、先生目を丸くして、「うーん、某々はそんなにとっておるのか」と言って感心している。しばらくして先生が言うのです、「そうなると金ができるね、わしは長年貧乏と親友で、今さら金ができると困るんだ……」、そう言って俳商を追っ払ってしまった。

　これは財ばかりではありません。地位でも名誉でもそうです。大学の時代に神奈川県の知事に何某という人がおりまして、親父さんは土佐の田舎で船頭をやっておった。それで息子の知事は気になって仕方がない。ある時田舎に帰って、「もういい加減にやめてくれ」と頼んだが、「お前は知事かもしれんが、わしはこれじゃ」と言って問題にしなかったという。こういう心境を持っておれば階級闘争などは起こらないでありましょう。どうも今の人間は功利にばかりに執着して、精神生活を持つことを知らない。そのために世の中がますます複雑になり、苦しくなっている。そうしてみんな悩んでおるのであります。

胡文定《こぶんてい》公曰く、人は須《すべか》らく是《こ》れ一切の世味《せいみ》淡薄にして方《まさ》に好《よ》かるべし。富貴の相あらんことを要せず。孟子謂《い》う、堂の高さ数仞《じん》、食前方丈、侍妾《じしょう》数百人、吾れ志を得《う》とも為《な》さずと。学者須らく先づ此等を除去して常に自ら激昂すべし。便《すなわ》ち墜堕《ついだ》を得るに到らず。常に愛す、諸葛孔明、漢末に当たって南陽に躬《みずか》ら耕し、聞達《ぶんたつ》を求めず。後来劉先主の聘《へい》に応じ、山河を宰割し、天下を三分し、身、将相に都《お》り、手、重兵を握る。亦何を求めてか得ざらん、何を欲してか遂げざらんと雖《いえど》も、乃ち後主の與《ため》に言えらく、成都《せいと》に桑八百株、薄田十五頃《けい》あり。子孫の衣食自ら余饒《じょう》あり。臣が身は外に在って別に調度無し。別に生を治めて以て尺寸を長ぜず。死するの日の若《ごと》き、廩《くら》に余粟有り、庫に余財有らしめて、以て陛下に負《そむ》かじと。卒《しゅっ》するに及んで果して其の言の如し。此《かく》の如き輩の人、真に大丈夫と謂《い》うべしと。（『胡氏伝家録』）

《胡文定公（南宋の烈士、胡安国、春秋学の大家）が言うのには、人間は世の中の味、即ち物欲生活というものには淡泊でちょうどよいのである。別に富貴の相あるを要しない。「堂の高さ数仞、食前方丈（ご馳走を一間《いっけん》四方に並べる）、侍妾数百人、吾れ志を得とも為《な》さず」と孟子も言っておるが、学に志すものは是非ともこういうものは除き去って、自らを高めるべきである。激昂は高めることで、ここでは興奮する意味ではない。そうすれば堕落せずに済む。いつも好きな話だが、諸葛孔明《しょかつこうめい》は漢末に当たって南陽に自から耕し、少しも出世することなど求めなかった。後年劉備《りゅうび》の招請に応じて、山河を宰割し、天下三分（魏・

呉・蜀）の計を立てて、身は将軍・宰相の地位に、掌中には軍の枢機を握った。こうして何を求めても得ざるなく、何を欲しても遂げざることなき有様であったけれども、後主（劉備の嗣子・劉禅）に言うには「成都には桑八百株、荒れた田地ではあるが十五頃《けい》（一頃は八畝）あり、子孫の衣食には余りがあります。自分の身は外にあって、別に調度もないし、財産をふやす必要もありません。私が死んだ時に家を調べたら、庫にどっさり食糧がつまっておったり、金もたくさんあったというようなことをして、陛下に背《そむ》くようなことは致しません。もしそういうことがあるとしたら、これは地位・権力を利用して私を肥らせたことになりましょう」と。死するに及んで果たしてその言葉の通りであった。こういう人こそ真に大丈夫と言うのである》

我々も子供の時分からこんなことばかり教えられたので、妙に金などあると苦痛に感じる。だから私はいつも金を持たないことにしております。みんなそれを知っておるので、喜んで用を足してくれる。戦争中でも私は代用食など食べず、酒にも不自由しませんでした。みんな持ってきてくれました。ところが世の中というものは面白いもので、今日のように物が豊かになると、誰も持って来てくれる人がありません。世の中が不自由になると、私は豊かになる、誰か持ってきてくれる。「無は無限に通じる」と決めて、のん気な生活です。

胡子《こし》曰く、今の儒者、文芸を学び、仕進を干《もと》むるの心を移して以て其の放心を収め、而して其の身を美くせば、則ち何ぞ古人に及ぶべからざらんや。父兄は文芸を以て其の子弟に令し、朋友は仕進を以て相招く。往いて而して返らざれば、則ち心始めより荒《すさ》んで而して治まらず。万事の成ること、咸《みな》古先に逮《およ》ばず。

（『胡子知言』）

胡子は胡文定公の子供で、名は宏、号は五峯と申します。本文はその著『胡子知言』にあります。

《今日の学者・評論家といった連中は、思想表現の技術である文学や芸術を学ぶのに、みなそれを名聞利達・出世の目的のためにやっている。そういう他に移しておる心を、外に放っておる心を一度取り戻して、そうして自分自身をよく修めたならば、どうして古人に及ぶことができないということがあろうか。ところが親たちはそういう功利的手段に過ぎない知識・技術を学べと命令する。友達は名聞利達を以て派閥をつくって相招く。いわゆるコネをつくるというようなことをやる。そういうことばかりやっておって一向に反省しなければ、心が初めから荒《すさ》んで治まらないから、万事成ることみな昔に及ばない》。だんだん文明が逆に退化するというわけであります。これは千古変わらぬ原則であり、真理であります。

ある有名な学者・評論家に、「どうして君はソ連や中共の提灯持ちをやるのだ？」と訊いたら、「その方が得だからね」と答えたということでありますが、これが実際の本音であろうと思う。そもそも日本の思想が混乱してきた原因は、もちろんいろいろありますが、政策的・政治的に言って混乱の始まりは、第一次大戦直後の政友会内閣が党利党略を兼ねて旧制高校の増設をやったことであります。そのために従来の八高校が二十余の高校に増加し、教員の不足を中学校の教師を昇格させてこれに当てた。ところがなんと言っても大戦後のこととて思想が極度に混乱して、懐疑的な思想や否定的な行動が流行する。またそういう著作が宣伝紹介される。そういう時ににわか教授たちは、どうすればこの時勢に、若い学生たちに受けるかというので、みんな便乗して盛んに否定的懐疑的な文学や評論を宣伝したのであります。こうして日本の高等教育機関の混乱が始まったと申してよろしい。第二次大戦後もまた同じであります。

開物成務

明道先生曰く、道の明らかならざるは異端之《これ》を害すればなり。昔の害は近うして而《すなわ》ち知り易し。今の害は深うして而ち弁じ難し。昔の人を惑わすや其の迷暗に乗じ、今の人に入るは其の高明に因《よ》る。自ら之を神《しん》を窮《きわ》め化《か》を知ると謂《い》いて、而も以て物を開き務《つとめ》を成すに足らず。言、周偏ならざるなしと為《な》して、実は則《すなわ》ち倫理に外《はず》れ、深を窮め微を極めて而も以て尭舜《ぎょうしゅん》の道に入るべからず。天下の学、浅陋固滞《せんろうこたい》に非ずんば則ち必ず此れに入る。道の明らかならざるに自《よ》るなり。邪誕妖妄の説競い起こり、生民の耳目を塗り、天下を汚濁に溺らしむ。高才明智と雖《いえど》も見聞に膠《なず》み酔生夢死して自ら覚らざるなり。是《こ》れ皆正路の蓁蕪《しんぶ》、聖門の蔽塞《へいそく》、之《これ》を闢《ひら》いて而る後以て道に入るべし。

（『明道先生行状』）

《程明道先生曰く、「道の明らかならざるは異端之《これ》を害すればなり」、道の明らかにならないのは、つまり根本に対する異端邪説が害するからである。本筋から離れて行なうから、これが害になる。その弊害も昔は近くて知りやすかったが、今は深くてなかなか弁じ難い。昔の世人は知識があまり発達しておらなかったために無知である。その無知に乗じて人を惑わす。今の知に惑いの入りこむのは、知識が発達してなんでもわかるために、その発達した知識につけこむ。

自分自身は深いところを極め、造化《ぞうか》の理を知っておるのだと思うて……しかもその知性というものはどうかと言うと、「開物成務」、物の秘めた性能を開発して、なさねばならぬ人間社会のたいせつな務めを完成してゆく役には立たない。文章や議論などが行き届いておるようであって、実は人間同士の理念に外れ、そうして深を極め、微を極めて、堂々たる恰好はするが、人間の本当の進歩向上を計る道に入ることができない。およそ世の中の学というものは、浅くて卑しく（浅陋）、あるいはかたくなに停滞しておる（固滞）のでなければ、逆にこういうふうに開物成務にはならないのである。これは、とらねばならぬ本当の道が明らかでないからである。

そこでよこしま（邪）な、でたらめ（誕）な、あるいは変なみだりがましい（妖妄）説が競い起こって、民衆の耳目を塗りつぶし、天下を汚濁に溺らせるのである。高才明智のある人も見聞になずみ、酔生夢死して自ら覚ろうとしない。これみな正しい路がいばらで荒れ阻《はば》まれ（蓁蕪）、神聖な門がふさがって（蔽塞《へいそく》は蔽《おお》いふさぐ）しまっておるからで、これを聞いた後に、何が本当の智であり、道であるかということを明らかにし、しかるのち本当に人間を向上の道に進めてゆくことができる》。全くその通りであります。

四、人の上に立つ

理想的君子人

陶侃《とうかん》広州の刺史《しし》となる。州に在って事無ければ輒《すなわ》ち朝《あした》に百甓《へき》を斎《さい》外に運び、暮《くれ》に斎内に運ぶ。人、其の故を問う。答えて曰く、吾、方《まさ》に力を中原に致さんとす。過爾《かじ》に優逸《ゆういつ》せば、恐らくは事に堪《た》えざらんと。其の志を励まし力を勤むる、皆此《こ》の類《たぐい》なり。

後に荊《けい》州の刺史となる。侃、性聡敏にして吏職に勤む。恭にして而《しこう》して礼に近づき、人倫を愛好し、終日、膝を斂《おさ》めて危坐《きざ》す。閫外《こんがい》多事にして、千緒《せんしょ》万端なれども遺漏《いろう》有る罔《な》く、遠近の書疏《しょそ》、手答せざる莫《な》し。筆翰流るる如く、未だ嘗《かつ》て壅滞《ようたい》せず。疎遠を引接し、門に停客無し。

常に人に語って曰く、大禹《たいう》は聖人なるに乃ち寸陰を惜しめり。衆人に至っては当《まさ》に分陰を惜しむべし。豈《あ》に逸遊荒酔すべけんや。生きて時に益なく、死して後に聞ゆる無きは、是れ自ら棄つるなりと。

諸参佐、談戯を以て事を廃する者あれば、乃ち命じて其の酒器蒱博《ほはく》の具を取って、悉く之を江に投じ、吏卒には則ち鞭朴《ぼく》を加う。曰く樗蒱《ちょほ》は牧豬奴《ぼくちょど》の戯のみ。老荘浮華は先王の法言に非ず。行なうべからざるなり。君子は当に其の衣冠を正し、其の威儀を攝《おさ》むべし。何ぞ乱頭養望して自ら弘達と謂う有らんやと。（『晋書』陶侃伝）

陶侃《とうかん》は陶淵明《えんめい》の曾祖父に当る人で、本文は『晋書』列伝の「陶侃伝」にある。《陶侃が今の広東地方の長官（刺史）になった。毎日役所にあって、仕事がなければ、朝、書斎に積んである瓦を外に運び、夕暮にまたそれを内に運ぶ。人がそのわけを訊ねたところ、答えて言うには、「吾れまさに力を中原に致さんとす」。あたかも南北朝の大動乱の始まる直前であります。今に本土（中原）が大動乱になれば、私は懸命の力を捧げねばならん。のらくらといい加減にやっておったら（過爾優逸）、恐らくはその任に耐えることができないであろう。そのために今から身心を鍛えて力をつくっておくんだと。

後、荊《けい》州の長官となる。荊州は揚子江中流の要害の地で、南北勢力の激突する一つの中心地であります。侃は性聡敏で官庁の職務に精励した。恭にして礼に近づき、人倫を愛好し、終日膝をそろえて正坐していた。当時は日本と同じ坐り方であります。役所の仕事（閫《こん》は門のしきい。閫外は将軍・地方長官の職掌をいう）以外に人間生活の用事が多く、それでいて万端遺漏なく、親しい者や疎遠な者から来る手紙だの意見書だのには、一々答えざることがなかったという。なかなか出来ないことであります。

筆翰は流るる如く、未だかつて停滞したことはなかった。疎遠な者でも引見し、門に停まる客がないくらいであった。

常に人に語って言うには、大禹《たいう》は聖人でありながら寸陰を惜しんだ。衆人に至ってはそれこそ分陰を惜しむべきである。どうして安逸に狎《な》れ酒をくらってばかりおってよかろうか。生きてその時代に益なく、死んで後に名の聞えないのは、自分自からこれを棄てるのである。

もろもろの輔佐役でつまらぬ娯楽や遊戯をやって仕事をしない者があると、命令して酒器や博奕道具（蒲博）を取り上げ、ことごとく揚子江にぶち込み、下役人や防衛関係の下っ端役人には鞭を振るってこれをぶった。そうして言うには、賭事は豚飼いの道楽に過ぎない。老荘浮華は観念や文筆の遊戯で、見てくれはよいが、人間が法とするに足る正しい言葉ではない、行なうべきではない。君子というものは必ず衣冠を正し、威儀を整えなければならない。頭髪を乱し、そういうことを以てしゃれておると思っておるような人間が、物に拘泥しない、人間が出来ておる、という道理があろうかと》

吾、人に過ぐるものなし

司馬温公《しばおんこうかつ》嘗て言う、吾、人に過ぐるもの無し。但だ平生為《な》す所、未だ嘗て人に対して言うべからざるもの有らざるのみ、と。

（晁無咎の録による）

《自分は人に過ぐるものがない、平凡である。ただ平生行なうところ、未だかつて人に言うことのできないようなものがないだけのことであると》。これは、しかし偉大なことだ。

劉忠定公、温公に見《まみ》え、心を尽くし己れを行なうの要、以て終身之を行なうべきものを問う。公曰く、其れ誠か。劉公問う、之を行なう何をか先にす。公曰く、妄語《もうご》せざるより始む。劉公初め甚だ之を易《やす》しとす。退いて而して自ら日に行なう所と凡《つね》の言う所とを檃栝《いんかつ》するに及んで、自ら相掣肘《あいせいちゅう》矛盾するもの多し。力行すること七年にして而る後《のち》成《な》る。此れより言行一致、表裏相応じ、事に遇《お》うて坦然、常に余裕有り。

（『元城語録』）

《劉忠定公《りゅうちゅうていこう》（安世）が司馬温公にお目にかかり、心を尽くし自己を完成するための要諦として、終身実行すべきことを問うた。温公は答えた、「それは誠だ」。劉公はさらに、その誠を実行するに何から始めるべきかを問うた。温公曰く「いい加減な出鱈目を言わないことから始めるがよかろう」と。劉公は最初こんなことぐらい何でもないと思っていたが、退いて自ら毎日の行なうところと言うところとを照らし合わせて匡《ただ》してみると、案外矛盾してなかなか自由にならない。力行七年にしてどうやらその矛盾の苦しみがなくなった。これより言行一致し、表裏相応じ、どんなことに遇《あ》っても坦然《たんぜん》（平らかでこせつかない）として常に余裕を以て対処できた》

檃も栝も曲がらぬようにする撓木《ため》のこと。何事も力行することが大事であります。

丹書に曰く、敬、怠に勝つ者は吉なり。怠、敬に勝つ者は滅ぶ。義、欲に勝つものは従い、欲、義に勝つものは凶なり。（『礼記』）

《丹書にいう、（現実に甘んじないで、より高くより貴いものを求めて精進する心を敬という。この）敬の精神が怠惰な精神に勝っている者は吉である。反対に怠け心が敬の心に勝っている者は滅ぶ。正義の心が欲望を克服している場合は物事が順調に進展する。逆に欲望が正義に勝っている場合は凶となるものである》

丹書は今日伝わっておりません。周の武王が位について、太公望（呂尚）に皇帝の道を尋ねたところ、「丹書に曰く」と言って説明したということであります。

人の上に立つ者の心得

曲礼《きょくらい》に曰く、敬せざること毋《なか》れ。儼若《げんじゃく》として思い、辞を安定し、民を安んぜんかな。敖《おごり》は長ずべからず。欲は従《ほしいまま》にすべからず。志は満たすべからず。楽しみは極《きわ》むべからず。賢者は狎《な》れて而も之を敬し、畏れて而も之を愛し、愛して而も其の悪を知り、憎みて而も其の善を知り、積みて而も能《よ》く散じ、安きに安んじて而も能く遷《うつ》る。財に臨みて苟得《こうとく》する毋れ。難に臨んで苟免《こうめん》する毋れ。狠《あらそ》うて勝を求むる毋れ。分ちて多を求むる毋れ。疑わしき事は質《さだ》むる毋れ。直くして而して有する毋れと。

（『礼記』曲礼上篇）

《『礼記』の曲礼篇にいう、すべてに敬《つつ》しみの心を持続せよ。厳《おごそ》かに思い、落ち着いてはっきりと意志表示をし、万民を安んじたいものである。人の上に立つ者は、傲慢な心を増長させてはならない。欲望をほしいままに遂《と》げてはならない。いかなる志望もとことんまで満足させてはならない。楽しみも究極まで追求してはならない。賢者は親近しても敬の心を失わず、畏敬しても愛情を忘れず、愛する者にも悪を認め、憎む者にも美点を認める。財貨を蓄積してもよく人に散じ、安穏な境遇に安んじていても、いつでも変化に即応できねばならない。財貨に対しては無原則に（苟は「いい加減に」の意）貪《むさぼ》ってはならない。危難に遇ってもむやみに逃避してはならない。争いごとにも強引に勝つことばかり求めてはならない。物を分配するに当たっては、自分だけ多く取ってはいけない。疑わしいことは安易に断定してはいけない。人と事を論ずるに、率直に意見を述べるのはいいが、しいて自説に拘泥《こうでい》してはいけない》

曲礼は『礼記』中の一篇。浅はかな人は、こんなことを一々苦にしておれば何もできないと言うが、それは大きな間違いであります。

九思

君子に九思《きゅうし》あり。視《し》には明らかならんことを思う。聴には聡ならんことを思う。色には温ならんことを思う。貌には恭ならんことを思う。言には忠ならんことを思う。事には敬ならんことを思う。疑には問わんことを思う。忿《いかり》には難を思う。得を見ては義を思う。

（『論語』季氏篇）

《君子に九つの思いがある。視るときは明らかに見たいと思い、聴くにははっきり聴きたいと思い、顔色はおだやかでありたいと思い、姿形《すがたかたち》は恭々《うやうや》しくありたいと思い、言葉は良心に恥じぬように思い、行動は慎重でありたいと思い、疑わしいことはしかるべき人に問

うことを思い、一時の怒りには後の面倒を思い、利得を前にしたときは道義を思う》

世界最初の医書と言われる『素問』の第一章には、「聖人は恙嗔《ようしん》（恙は憂い、嗔は怒り）の心なし」と言っている。近代アメリカ医学は、人間の感情と汗や呼吸などとの関係を調べて、怒りがもっとも毒素を出すことを証明している。その毒素を注射したモルモットは頓死したという。癌に罹《かか》る人に怒りっぽい人が多いそうであります。したがって、「おんにこにこ、腹立つまいぞや、そわか」（明治初年、曹洞宗の耆宿・西有穆山がある老婆に教えた真言陀羅尼）が一番良いのであります。しかしあまり怒らぬと人間はだれる。私憤はいけないが公憤は良い。それよりも自分の不肖に対する怒りは大いに発したいものであります。

> 伊川《いせん》先生曰く、近世浅薄、相歓狎《かんこう》するを以て相与《くみ》すと為《な》し、圭角《けいかく》無きを以て相歓愛すと為す。此《か》くの如きもの安《なん》ぞ能《よ》く久しからん。若《も》し久しきを要せば（この要は「久しくありたいなら」の希望の意）、須《すべか》らく是れ恭敬なるべし。君臣朋友、皆当《まさ》に敬を以て主と為すべきなり。
>
> （『二程語録』）

《程伊川先生がいう、近頃は人心が浅薄で、ただ愉快に狎《な》れ合いさえすれば意気投合したと思い、圭角《かど》がなく肌ざわりがよければ、もう互いに歓び愛していると心得ている。だが、こんな友情がどうして永続きしようか。もし久しく交わりたければ、恭敬の心がなければならない（恭は容貌のつつしみ、敬は心のつつしみ）。君臣の交わりも朋友の交わりも、みな敬の心を主とすべきである》

程朱の学は、道徳学的に見てカントの哲学に相通ずるものがあります。よく、「私は圭角があります」と申しますが、圭とは玉ということで、人を論ずるのに、「あれは圭角がある」というのはよいが、己れを論ずるのに、「私は圭角がある」と自分を玉にするのはとんでもないことであります。

孝は妻子に衰う

官《かん》は宦《かん》成るに怠り、病は小瘉に加わり、禍《わざわい》は懈惰《かいだ》に生じ、孝は妻子に衰う。此の四者を察して、終りを慎むこと始めの如くせよ。詩に曰く、初め有らざる靡《な》し。克《よ》く終り有る鮮《すくな》しと。

（『説苑』敬慎篇）

官と宦は大体同じ意味でありますが、強《し》いて区別する時には、官は一般的総称、宦は人間を主として具体的に用いる。文字本来の意味から言えば、役所の中に書類等の山積しておるのが官。宦は臣下が官庁の中におるという文字であります。

《出世するにしたがって役人は怠けてくる。病気は少し治ってきた時に気が弛み、不養生をして悪くなる。禍《わざわい》は怠けるところから生じてくる。親孝行は女房子供を持つ頃から衰えてくる。まことにその通りであります。だから『詩経』にも、「初め有らざる靡《な》し。克《よ》く終り有る鮮《すくな》し」〈終りまで立派にやりとげることの難しさをいったもの〉と言うてある》

> 言、忠信、行、篤敬《とくけい》ならば、蠻貊《ばんばく》の邦《くに》と雖《いえど》も行なわれん。言、忠信ならず、行、篤敬ならずんば、州里と雖も行なわれんや。
>
> （『論語』衛霊公篇）

《言うことに誠意があり、言ったことは守り、重厚で慎み深い行動をする人であれば、異民族の土地へ行っても、信頼され、その意見が通るであろう。それとは反対の人であれば、自分の郷里でも信頼されないであろう》

民衆の程度の低いところへ行けば直ぐわかる。いかに理屈が達者でも、いかに文章が上手でも、なんにもならない。人間そのものでなければ通じない。

第二章　人と交わる

文会輔仁

曾子《そうし》曰く、君子は文を以て友を会し、友を以て仁を輔《たす》く。

（『論語』顔淵篇）

古来教養ある階層に普及した名言であります。「文」とは今日でいう教養であります。教養を以て友を集める。利を以て会するのではない。そうして「友を以て仁を輔く」《友人同士の相互啓発によって、お互いの人格の向上を目指す》。仁とは限りない我々の進歩向上を言う。「文会輔仁」、わが師友会もこれを以て旨としておるのであります。

孔子曰く、朋友は切切偲偲《しし》たり。兄弟は怡怡《いい》たり。

（『論語』子路篇）

切々偲々《せつせつしし》は努力する形容詞。怡々《いい》は喜ぶ、楽しく愉快にすること。簡単でしかも無限の意味を含んだ一文であります。

善は人間の生命であるけれども、肉親の間柄で、兄弟はもちろん父子の間でも、これを責める〈相手が道徳的善を実行するよう責める〉ということはよくない、と孟子が論じております。肉親はつながって一体でなければならん。離れるということは禍《わざわい》これより大なるはない。だから善といえどもこれを責めることはよくない。和やかに愛情の中にひたっておらねばならない。それが怡々であります。

しかしそれだけでは人間はだらけてしまう。そこで切磋琢磨《せつさたくま》してお互いに磨き合う必要がある。それは肉親の間ではでき難い。よって師と友に託して教育してもらう（『孟子』に「子を易《か》えて教う」とある）。だから師弟とか朋友とかいうものは、お互いに磨き合うことが根本義であります。父子・兄弟と師弟が相俟って初めて円満な進歩向上が得られるのであります。

善を責む

孟子曰く、善を責《せ》むるは朋友の道なり。

（『孟子』離婁篇）

これは『孟子』の離婁篇にある語で、その前に「父子の間で善を責め合うことはいけない」と論じている（前項の説明参照）。師弟の間も同じことで、善を責め合うには、やはり朋友が一番であります。何を言っても構わない。大いに論じ合ってお互いに磨く。怒るような人間は友とするに足りない。

子貢《しこう》、友を問う。孔子曰く、忠告して而して之《これ》を善道す。可《き》かれざれば則《すなわ》ち止《や》む。自ら辱《はずかし》むること毋《なか》れ。

（『論語』顔淵篇）

《子貢が孔子に「本当の友たる道はなんでしょうか」と尋ねた。すると孔子は、「忠告してこれを善導する。しかし聞き容れられない時には、いったん止めるがよい。無理強いをすると反発するばかりで、かえって自分を辱しめることになる」と》。

相手が人間のことではありますから、いくらこちらが正直に友誼を尽くしても、その善意が分からずにとんだ誤解を招いたり、失敗したりすることもある。あまり無理をしないことが肝腎であります。

益友損友

益者三友。損者三友。直を友とし、諒《まこと》を友とし、多聞を友とするは益なり。便辟《べんぺき》を友とし、善柔を友とし、便佞《べんねい》を友とするは損なり。

（『論語』季氏篇）

《益になる三種類の友達と、徳を損ずる三種類の友達がある。正直な人を友とし、誠のある人を友とし、――諒は諒解の諒で、「うん、もっともだ」とうなずける誠――見聞の広い人を友とする。自分の知らないいろいろの見聞に長じておって、珍しい話をきかせてくれる友達は実に楽しいものであります。これが益者三友。これと反対にいわゆる世慣れた人を友とし――便辟《べんぺき》は便利・利益本位、あるいは抵抗のない安直なの意。辟はかたよる、あるいは避に同じで、厄介なことは避けて、相槌をうつ、調子を合わせるの意。気軽に調子を合わせてゆく誠意や実意のないことを便辟という――また善であるけれども、ぐにゃぐにゃして事なかれ主義の人を友とし、調子を合わせて媚びる人を友とする。これは損者三友である》

便佞の佞という字は、信と女をくっつけた佞と、仁に女を加えた佞と二通りありますが、したがって元来は善い意味を持った文字であります。仁愛に富んだ信のある女の言葉は必ずやさしいものである。行き届いて気持がよい。そこで信から出る行き届いた挨拶・言葉遣いを「佞」と言う。それができぬというので、つまりろくな挨拶もできぬという意味で、自分のことを「不佞」というのであります。ところがだんだん意味が変わってきて、口先だけの信のないことを佞というようになり、佞奸などと使われるのが普通になってしまったわけであります。

久敬

孔子曰く、晏平仲《あんぺいちゅう》善《よ》く人と交わる。久しうして人之《ひとこれ》を敬す。

（『論語』公冶長篇）

晏平仲《あんぺいちゅう》は「管仲《かんちゅう》・晏子《あんし》」と言って並び称せられる春秋時代の斉《せい》の名宰相であります。晏子の行蹟などを拾い集めた『晏子春秋』という本がありますが、立派な書物で晏子の人柄がよく偲ばれるのであります。その晏子を孔子が褒めて、「久しうして人之《ひとこれ》を敬す」と言う。たいていは人と交わって久しうすると、人これを侮るものです。久敬という言葉がありますが、年が経つにつれて敬意を払うようになってこそ本物であります。

恩讐分明、好人無し

恩讐分明《おんしゅうぶんめい》、此の四字は有道者の言に非ざるなり。好人無しの三字は有徳者の言に非ざるなり。後生之《こうせいこれ》を戒めよ。

（『呂氏集』）

《恩と讎をあまりはっきり分けるというようなことは、道を体得した者の言葉ではない。また、「好人無し」ろくな奴はおらぬ、などというのは徳のある人間の言うべき言葉ではない》

終戦当時、進駐軍の顧問として日本に来たいわゆる進歩的文化人がありますが、「日本にはろくな奴はおらん、立派な人間は牢屋に入っておる人間だけだ」、と言って徳田球一や志賀義雄などを解放した。つまり「好人無し」であります。もっともそのために、公使として再び日本にやって来た時には、心ある日本の識者たちから相当反対されて問題になったのでありますが、こういうことを口に出す本人自身、すでに好人でないことがよく分かるのであります。

交友の基礎は「敬」

横渠《おうきょ》先生曰く、今の朋友は、其の善柔を択《えら》び、以て相与《あいくみ》し、肩を拍《う》ち袂《たもと》を執って以て気合うと為《な》す。一言合わざれば怒気相加《しの》ぐ。朋友の際は其の相下《くだ》りて倦まざらんことを欲す。故に朋友の間に於て、其の敬を主とする者は、日々に相親与《しんよ》し、效を得る最も速やかなり。　　（『横渠語録』）

《張横渠《ちょうおうきょ》先生がいう、最近の朋友は、お互いに媚びて相手の意に逆《さから》わない者を択んで仲間となり、肩をたたき袂《たもと》をとって気が合ったと思っているが、少しでも意見が合わなければ怒気を発して相手より優位に立とうと争う。しかし元来、友達づきあいというものは、互いに謙虚な態度で倦まないことが望ましい。故に朋友の間において敬《つつしみ》の心を主眼としてつきあえば、日ましに親しさを増し、切磋琢磨の効果が速やかに得られるであろう》

終戦の詔勅にある「万世の為に太平を開く」とはこの人の語であります。宋《そう》の宰相・王《おう》安石《あんせき》と意見が合わず、陝西《せんせい》省の横渠というところに帰って学問に専心し、生涯を送った。名は載と言い、字《あざな》を子厚と言う。若い時から華厳なども学び、だんだん儒学に入って達した人であります。

第三章　子弟に告ぐ

馬援《ばえん》の兄の子、厳《げん》と敦《とん》と並びに譏議《きぎ》を喜《この》みて、而《しこう》して軽俠の客に通ず。援交趾《こうち》に在《あ》り。書を還《かえ》して之を誡めて曰く、吾れ汝が曹《ともがら》、人の過失を聞くこと父母の名を聞くが如く、耳聞くを得べきも、口言うを得べからざるが如きを欲す。好んで人の長短を議論し、妄《みだ》りに正法を是非するは、此れ吾が大いに悪《にく》む所なり。寧《むし》ろ死すとも子孫に此の行ない有るを聞くことを願わざるなり。

竜伯高は敦厚・周慎にして、口に択言《たくげん》無く、謙約・節倹・廉公にして威有り。吾れ之を愛し、之を重んず。汝が曹、之に效《なら》わんことを願う。杜季良《ときりょう》は豪俠にして義を好み、人の憂いを憂え、人の楽しみを楽しみ、清濁失う所無く、父の喪に客を致《まね》けば、数郡 畢《ことごと》く至る。吾れ之を愛し之を重んずるも、汝が曹《ともがら》の效わんことを願わざるなり。伯高に效いて得ずとも、猶ほ謹敕《きんちょく》の士と為《な》らん。所謂《いわゆる》鵠《こく》を刻んで成らずとも、尚《なお》鶩《ぼく》に類《るい》する者なり。季良に效いて得ずんば、陥りて天下の軽薄子と為《な》らん。所謂虎を画いて成らず、反って狗に類する者なり。（『後漢書』馬援伝）

《後漢光武の名将馬援《ばえん》の兄の子の厳《げん》と敦《とん》の二人は共になんでも譏《そし》ることが好きで、そのうえ軽薄な志士気どりのつまらぬ男伊達《だて》と交わっておった。ちょうど馬援が今のベトナム地方の総督をしておった時分に、多分甥たちから来た手紙には、時の宰相を譏ったようなことが書いてあったのでありましょう。その甥たちへの手紙の返事に、これを誡めて言うには、「私は、お前たちが人の過《あやま》ちを聞くこと父や母のことをとやかく言われるように、耳には入るが口に出すにはしのびないようであって欲しいと思う。お前たちのような修業中の未だ物事のよくわからぬ青二才は、好んで人の長所や短所を議論したり、みだりに国家の正しい法を批判するのは、私のもっとも悪《にく》むところである。死んでも子孫にこのような行ないのあることは聞きたくない。竜伯高（名は述、字《あざな》は孔明）という人は重厚で慎み深くて、言語みな法にかなない、謙約（へりくだって自らひきしめる）・節倹、清廉公明で、威厳があった。自分はこれを愛し、重んずるものである。お前たちも見習って欲しい。

杜季良という人は軍系統の人であるが、豪侠で義を好み、人の憂える所を憂えてやり、人の楽しむところをいっしょになって楽しみ、清は清、濁は濁でちゃんと呑みこんで、父の葬儀には数郡の人々がことごとく参列した（それだけ人望があったわけであります）。自分はこれを愛し、重んじておる。しかしお前たちのこれを見習うことは願わないのである。竜伯高を真似て、よし達することができなくとも、謹敕《きんちょく》（つつしみ深い）の人間になることができるであろう。所謂《いわゆる》おおとりを刻んで成就できなくとも、竜伯高のアヒルになることはできる。杜季良を見習って達することができなければ、陥って天下の軽薄子となるであろう。ちょうど虎を画いて、犬になってしまうようなものである」と》。世の中には、ご本人は一人前の国士のつもりでおるが、実際は画かれた犬のごとき者も確かに少なくない。

諸葛武侯《しょかつぶこう》、子を戒むる書に曰く、君子の行ないは静以て身を修め、倹以て徳を養う。澹泊《たんぱく》に非ざれば以て志《こころざし》を明らかにすること無し。寧静に非ざれば以て遠きを致《きわ》むること無し。夫《そ》れ学は須《すべか》らく静なるべきなり。才は須らく学ぶべきなり。学に非ざれば以て才を広むることなし。静に非ざれば以て学を成すこと無し。慆慢《とうまん》なれば則《すなわ》ち精を研《みが》くこと能《あた》わず。険躁《けんそう》なれば則ち性を理《おさ》むること能わず。年、時と与《とも》に馳《は》せ、意《こころ》、歳と与に去り、遂に枯落を成し窮廬《きゅうろ》に非歎するも将《は》た復《ま》た何ぞ及ばん。（『諸葛武侯集』）

《諸葛孔明の子を戒める手紙にいう、君子の行ないは、がさつではいけない。静かに落ち着いて身を修め、末梢的な欲望に打ち勝って徳を養うことだ。淡泊でなければ、高邁な理想を明らかにすることはできない。寧静でなければ、遠大な経綸を達成することはできない。そもそも本気で学ぶ者は、がさがさすることなく須《すべか》らく静かでなければならない。世間で役に立つ才識は、学んで初めて身につくものである。学ばなければ才を豊かにすることはできない。寧静に努力を持続しなければ、学問を成就することはできない。いい気になって怠けておったのでは（慆慢は高慢の意）、学の精粋をきわめることはできない。心険しく騒がしければ、生来の個性を磨き出すことはできない。時が過ぎ去るとともに、人はいつしか年をとり、何事かを為《な》さんとする意欲も消え失せ、遂には年老いて尾羽打ち枯らし、貧居に悲しみ嘆いたとて、どうして取り返すことができようぞ》

さすがに親の子、孔明の子の瞻《せん》は決して父を辱《はずか》しめなかった。魏《ぎ》と戦って戦死しております。蜀《しょく》の楠木正行《まさつら》であります。またその子の尚《しょう》は、魏が蜀を攻略した時に殉職しております。諸葛三代の誠忠はちょうどシナにおける楠木氏の一族と言うべきであります。あのシナ嫌いの平田篤胤《あつたね》でさえ、孔明を孔子以後の第一人者と褒めております。

疏広《そこう》、太子の太傅《たいふ》たり。上疏《じょうそ》して骸骨を乞う。黄金二十斤を加賜《かし》し、太子五十斤を贈る。郷里に帰り、日に家をして供具し、酒食《しゅし》を設けしめ、族人・故旧・賓客を請うて相与《あいとも》に娯楽す。数々《しばしば》其の家に金の余り尚《なお》幾斤有りやを問い、趣《うなが》し売って以て供具す。居《お》ること歳余、広が子孫竊《ひそ》かに其の昆弟老人の広が信愛する所の者に謂《い》いて曰く、子孫、君の時に及んで頗る産業の基址《きし》を立てんことを冀《ねが》う。今日飲食の費且《まさ》に尽きんとす。宜《よろ》しく丈人、君に勧説《かんぜい》する所に従って田宅を置くべしと。老人即ち間暇の時を以て広が為に此の計を言う。

広曰く、吾、豈《あ》に老悖《ろうはい》して子孫を念《おも》わざらんや。顧《おも》うに、自《おのずか》ら旧田廬有り。子孫をして其の中に勤力せしむれば、以て衣食を供するに足ること凡人と斉《ひと》し。今復《ま》た之を増益して以て贏余《えいよ》を為《な》さば、但だ子孫に怠惰を教うるのみ。賢にして財多ければ則《すなわ》ち其の志を損ず。愚にして財多ければ則ち其の過《あやまち》を益《ま》す。且つ夫《そ》れ富は衆の怨なり。吾れ既に以て子孫を教化する無きも、其の過を益して怨を生ぜしむるを欲せず。又此の金は聖主が老臣を恵養する所以《ゆえん》なり。故に楽しんで郷党・宗族と共に其の賜《し》を享《う》け、以て吾が余日を尽くす、亦《また》可ならずやと。

（『漢書』列伝巻七十一）

《漢の宣帝の時、疏広《そこう》（字は仲翁、春秋学の大家）は太子（後の元帝）の太傅《もりやく》となったが、それから数年後に辞職を願い出て聴許され、天子から黄金二十斤、皇太子からは五十斤を贈られた。やがて広は郷里に帰り、毎日のように親戚・故旧や賓客を招いて大盤振舞いをし、共に楽しんだ。そして家人に何度も「黄金はあとどのくらい残っているか」と尋ねては、片端から売りさばいて宴会の費用に当てた。

こうして一年あまり経った頃、広の身内の者は、ひそかに広が親愛する一族の長老に相談した。「私どもは父の代に一《ひと》財産作っておきたいのです。ところが、ご覧のように毎日宴会つづきで、下賜された黄金も底をつきそうです。どうか御老体から父に、今のうちに田地や家邸を買い入れておくように勧めていただきたい」と。老人は閑をみて広にこの計画を話した。

すると広曰く「私はなにも耄碌《もうろく》して子孫のことを考えないわけではないのだ。しかし考えてみると、わが家には伝来の田畑や家邸があり、子孫が働きさえすれば、世間なみの生活をするには事欠かぬはずである。今、これ以上の余財を作ることは、子孫に怠惰を教えるようなものだ。賢明でも財が多ければ志をそこなうし、愚かで財が多ければ過ちを益《ま》すだけだ。そもそも富は人々の怨みのもとである。私はもはや子孫を教化しようとは思わないが、過ちを益し、人の怨みを買うようなことはしたくないのだ。それに、そもそもこの黄金は、聖天子が我が老後のために恵んで下さったものだ。せいぜい郷党や親戚と共に有難く頂戴して、余生を楽しむのもまたよいではないか」》

「骸骨を乞う」とは公職にある間は身を犠牲にして働くために、骸骨のように瘠せ細る。したがって辞職の意味に用いる。大賛成でまことに嬉しい一文であります。愚人がたくさん金を持つと必ず失敗する。賢者も同じことで、どうしても志を損じ、理想精神を失いがちであります。

柳玭《りゅうへん》嘗《かつ》て書を著《あらわ》し、其の子弟を戒めて曰く、名を壊《やぶ》り己れに災《わざわい》し、先《せん》を辱しめ、家を喪《うしな》う。其の失尤《しつもつと》も大なる者五つ。宜しく深く之を誌《しる》すべし。

其の一、自ら安逸を求めて澹泊《たんぱく》に甘んずること靡《な》く、己れに苟利《こうり》あれば、人の言を恤《うれ》えず。

其の二、儒術を知らず、古道を悦《よろこ》ばず、前経に懵《くら》くして而も耻じず。当世を論じて而して頤《い》を解き身既に知寡《すくな》くして、人の学有るを悪《にく》む。

其の三、己れに勝る者は之を厭《いと》い、己れに佞《へつら》う者は之を悦《よろこ》び、唯だ戯談を楽しみて、古道を思うこと莫《な》く、人の善を聞いて之を嫉《にく》み、人の悪を聞いて之を揚げ、頗僻《はへき》に浸漬《しんし》し、徳義を銷刻《しょうこく》す。簪裾《しんきょ》徒《いたずら》に在《あ》り。廝養《しよう》と何ぞ殊ならん。

其の四、優游を崇び好み、麴糵《きくげつ》を耽り嗜み、杯を銜《ふく》むを以て高致と為《な》し、事を勤むるを以て俗流と為す。之を習えば荒《すさ》み易く、覚《さと》れども已《すで》に悔い難し。

其の五、名宦《めいかん》に急にして、権要に匿《かく》れ近づく。一資半級、或《あるい》は之を得《う》と雖《いえど》も、衆怒り群猜《そね》み、存する者有ること鮮《な》し。

余《われ》、名門右族《いうぞく》を見るに、祖先の忠孝・勤倹に由《よ》って以て之を成立せざるなく、子孫の頑率《がんそつ》・奢傲に由って以て之を覆墜せざる莫《な》し。成立の難きは天に升《のぼ》るが如く、覆墜の易《やす》きは毛を燎《や》くが如し。之を言えば心を痛ましむ。爾宜《なんじよろ》しく骨に刻むべし。

（『柳氏家訓』）

《唐の柳玭《りゆうへん》（字《あざな》は直清、御史大夫。祖父が柳公綽《こうしやく》、父は仲郢《ちゆうえい》、祖父の弟が公権と歴代名門の出身）の家訓に曰く、先祖の名を汚し、一家を亡《ほろぼ》す五つの大罪がある。しかと注意するがよい。

一、安逸を求めて淡泊な生活に甘んじることなく、わずかな利益（苟利）のために人の意見を気にかけない。

二、伝統的な学問を無視して当世風に調子を合せ、己れの無学を棚に上げて教養ある人を憎む。

三、己れに勝る人を嫌って御機嫌とりの取り巻きを喜ぶ。軽薄な社交辞令をもてあそんで道義をかえりみず、人の善行をねたみ、人の悪を言いふらす。邪《よこしま》な行ないに浸《ひた》りきって徳義をすりへらす。そんなことでは、エリートの地位にある（簪裾は、かんざしやもすそ。衣冠束帯）というだけで、下働きの召使（厮養）と選ぶところがなくなるだろう。

四、仕事をせずに遊びくらす生活にあこがれ、酒ばかり飲んで宴遊することを高尚とし、実務を俗事とみなす。これが習慣となれば生活は荒《すさ》むばかり、後悔しても遅いのだ。

五、猟官を焦って、ひそかに権門に近づく。たとえなにがしかの地位を得たとしても、人々の怒りとそねみに遭って、その地位を長く保つことはできない。

私は数多くの名門を見てきたが、みな祖先の忠孝と勤倹によって地位を築き上げ、子孫の頑鈍・軽率と奢侈・傲慢によって覆墜せざるはない。家を興すは天に登るように難しく、覆墜するは羽毛を焼くように容易《たやす》い。実例を挙げればわが胸が痛む。汝ら、しかと銘記すべし》

頗僻《はへき》はかたよること。一資半級はおこぼれ。頑率《がんそつ》はかたくなで軽率なこと。成立は家を興すこと。家を興すことの難しさは天に升るが如く、これを墜させるの容易なことは毛を焼くが如きものである。実際その通りであります。

范文正公《はんぶんせいこう》、参知政事たる時、諸子に告げて曰く、吾貧しき時、汝が母とともに吾が親を養う。汝が母躬《みずか》ら爨《さん》を執る。而し吾が親甘旨《かんし》未だ嘗《かつ》て充《み》たざるなり。今にして厚禄を得たれば、以て親を養わんと欲すれど親は在《いま》さず。汝が母も亦已《すで》に蚤世《そうせい》す。吾が最も恨む所の者なり。若《なんじ》が曹《ともがら》をして富貴の楽を享《う》けしむるに忍びんや。

吾が呉中の宗族《そうぞく》甚だ衆《おお》し。吾に於ては固《もと》より親疎《しんそ》有り。然《しか》れども吾が祖宗より之を視れば、則《すなわ》ち均《ひと》しく是れ子孫にして、固《もと》より親疎無きなり。苟《いやしく》も祖宗の意にして親疎無ければ、則ち饑寒の者、吾れ安《なん》ぞ恤《あわれ》まざるを得んや。祖宗より来《このかた》、徳を積むこと百余年にして、而して始めて吾に発して大官に至るを得たり。若《も》し独り富貴を享《う》けて而して宗族を恤まずんば、異日何を以てか祖宗に地下に見《まみ》えん。今何の顔《かんばせ》あってか家廟《かびょう》に入らんやと。是に於て恩例・俸賜《ほうし》、常に族人に均《ひと》しくし、并《なら》びに義田宅を置くと云う。

（『宋史』『宋名臣言行録』等）

《宋の范文正公《はんぶんせい》（仲淹《ちゅうえん》）が大臣をしておった時、子供たちに告げて言うには、「私がまだ駈《かけ》出しの貧乏時代には、お前たちのお母さんと力を協《あわ》せて親を養っておった。当時お前たちのお母さんは自身で炊事をし、お前たちの祖父母はかつて御馳走を腹一杯食べたことはなかったのである。今出世して厚禄を得るようになったけれども、もはやその親はおらん。お前たちのお母さんも早世してしまった。これは私が最も遺憾とするところである。お前たちに富貴の楽しみを享受せしむるに忍びない。

郷里の呉には一族の者がおおぜいおる。もちろん自分には親しい者もあれば疎遠な者もある。しかしわが先祖からこれを見れば、等《ひと》しくみな同じ子孫であって、もとより親疎の別などあろう筈がない。いやしくも先祖の心に親疎の別がないならば、一族の中の衣食に困っておる者をどうして私が憐まずにおられようか。先祖代々徳を積むこと百余年にして、初めて自分にその徳があらわれて大官になることができた。もし自分一人が富貴を受けて、一族を憐まなければ、いつかの日死んだ時にどうして先祖の人たちに地下でお会いすることができようか。そこで、今までしばしば朝廷から賜わったものや俸禄を一族の人たちに等しく分配して、併せて一門一族を救済する田を設けようと思う」と》

范忠宣《はんちゆうせん》公、子弟を戒めて曰く、人至愚《しぐ》と雖《いえど》も人を責《せ》むるは則《すなわ》ち明らかなり。聡明有りと雖も己れを恕《じよ》するは則ち昏《くら》し。爾《なんじ》が曹《ともがら》、但《た》だ常に人を責むるの心を以て己れを責め、己れを恕するの心にて人を恕せば、聖賢の地位に到らざるを患《うれ》えざるなり。
（『宋史』）

范忠宣公は文正公の子で、名を純仁と言う。大臣もやり、父を辱しめぬ立派な人であった。《その忠宣公が子弟を戒めて言うには、「人間というものは自分はどれほど馬鹿でも、人を責めることはよくできるものである。反対にどれほど頭がよくても、自分をゆるすということになると、全くわからない。お前たちは常に人を責めるような心で自分を責め、自分をゆるすような心で人をゆるせば、聖賢の地位に到達できないことを心配する必要はないんだ」と》

こういうことが我々の精神・行動のルールなのであります。このルールを明らかにしなければ、どれだけ政治や経済を論じてみても、結局は枝葉末節で、根本的にはなんの解決にもならない。やはり道徳教育・社会教育というものを確立して、根本を直さねばならないのであります。それにはどうしても『小学』をやらなければいけない。「小学」なくして人間革命も精神革命もない。「小学」なくして「大学」なし。現代の悩みはその「小学」をなくしてしまったところにあると信じます。

IV

古本大学講義

人生の指導原理となる「経学」

東洋には「四部の学」と称するものがあります。

これは東洋における学問上の分類であり、「経」「史」「子」「集」のことをいいます。このうち「子」は人生に独特の観察と感化力を持つ秀れた人物の著書のことを言い、これは「経」に従属させるべきものです。「集」の内容をなすものは、詩文です。ですから経、史、詩文というふうに三つに分けて考えなければならない、と思います。これは私共が学問修養をしてゆく上において、非常に意義深い分類方法であり、こういう分類方法は西洋の学問の分類方法においては見られないやり方です。

なぜこれが意義深いやり方であるかと言いますと、この四部の中の「経学」というのは、「我らいかに在《あ》るべきか」を研究する、我々の生活の原理に関する学問であります。我々の生活の信念を養い、生活の指導力となってゆくところの哲学――これが経学であります。経学は我々の理性を深め、性を養う所以《ゆえん》のものであります。

これに対して、「我ら人間が如何にありしか、かくありしが故に我らはかくあらざるべからず」というふうに、歴史に徴して人間の在り方を考えるのが「史」。だから、この意味において史学は経学を実証するものであります。「史」の中より「経」を見いだすことがてきるわけです。「経」が理性を深めるものであるのに対して、「史」は強《し》いて言えば意志を養うべきものであって、「経」を離れて「史」なく、経史の学を兼ね修めて知行合一的に我々の全人格を練ってゆくものであります。だから「経」と「史」とは離れるべからざるものであります。

知行合一的見地からいうと、「経」即「史」なり、「史」即「経」なりということも考えられるのであります。

それに対して我々の情操を練って行くものは詩文であります。特に「集」に重きをなす詩文であります。ある一人格を通じてその思想がいかに経を解し、いかに史を解し、またその経史の蘊蓄《うんちく》、その人の生活原理および実践の工夫体得を、その情操を通じていかに現わしているか——それを詩文によってみることができる。それをすっかり集めたものが「集」であり、今日の全集に該当します。

そこで私共が本当に磨かれた人として自己を養ってゆくには、どうしても、この原理の学問と、実践の学問と、情操を養う方面と、この三つを深めてゆかねばならぬ。この三方面から終始自分を養ってゆけば、明るい洗練された人格が光輝をましてゆくわけでありま す。西洋でいうリファインされた、洗練されたという意味で、雅典、あるいは儒雅というこ とをいいます。

この『大学』は経学に属するものであります。したがって『大学』によってこの原理を深く会得しますと、いろいろな実践方面および情操方面にこれを応用してゆけるわけであります。特に経学の中で『大学』は最も大切であり、極めて根本的書物であり、また同時に終始離すべからざる書物として古来珍重された本であります。

学問・修養は烈々たる気風の持ち主こそがやるべき

さてこの「儒」という文字の意味、これは原始的に考察してみますと、非常に面白い意味を含んでいるのです。少なくとも春秋、戦国の初めにかけて、この儒家、または儒教の「儒」という文字を、すこぶる悪い意味で使っていた、という面白い事実があります。それは「儒」は「懦なり」で、儒と懦は音訓相通じて、「懦弱《だじゃく》にして事を畏る」の意味に使われていたのであります。

儒を学ぶ者は、これを大いに反省しなければならないと思います。その当時、社会運動家とか、政治家とか、実業家とかいう実践的な連中は、いったい儒者なんどというものは極めて懦弱で役に立たないもの、何かやらしてみるとビクビクして一向胆力のない人間だというふうに言っていたらしい。それが戦国末期ぐらいになると、即ち孟子、荀子《じゅんし》あたりから〝リファインされた人格者〟の意味に多く使われているようであります。なぜそのように初めは悪用されたのか、これにはいろいろの由来があるだろうと思います。

おそらくは、孔子およびその一派の人々は非常に理想家でありますから、卑近な意味における実際家からみると、迂遠にも見えたでありましょう。殊に良心の鋭敏な人はとかく内省的ですから、ともすれば恥づるところ、畏るるところが多い。実際家のように鉄面皮にやれないことが多い。そういうことから、道徳にこだわって一向役に立たぬというふうに見えたのでありましょう。即ち卑俗な見地から、本当に聖人君子の心を解しないで、そういう低級な嘲笑的な意味の使い方が起こったのでありましょう。

また一方、修養とか学問とかいうことを聖人君子のような大力量を持つ人でなくて、実際に弱い人間がやりやすい。これは情けないことでありまして、どうもこの学問とか修養とかいうことは烈々たる気風を持っている者がやらなければならぬことであるにもかかわらず、とかくセンチメンタルな骨っ節の弱い、線の細い人間が入りやすい。したがって本当に聖人君子の心境を解するあたわずして放たれた卑俗な批評が当たるような繊細《かぼそ》い君子が多くなる。しかし、このような者は本来、君子とはいわないのであります。けれどもそういう者も多かったことも想像されるので、そういういろいろな関係からこの「儒」という文字が悪い意味に使われていたと思うのであります。

今日でも、「君子」だとか、「人格者」だとか、「精神家」だとかいう言葉が往々にして俗用され、あるいは嘲笑的に使われるということは、この当時と大差ないようであります。それでありますから、ニーチェという人は非常に憤慨しまして、「善というものは、およそ力あらんとする意志、力を欲する意思より出なければならぬ、強くなければならぬ、およそもろもろの弱きより出《い》づるもの、これを悪というか」とまで叫んでいる。「善は強くなければならぬ。同情する、相憐れむというようなことは唾棄すべき奴隷道徳であって、士君子は獅子のごとく強くなければならぬ。獅子的意思を持たねばならぬ」こういうようなことを叫んでいる。実はニーチェ自身が非常に弱い人でありますから、自らの持つ烈々たるこの理想精神に実際の自分の性格が堪えないで、ついに発狂した人ですけれども、叫ぶところにはすこぶる教えられるところがあります。

「腐れ儒者」になってはいけない

孟子、荀子の頃には早くも『春秋』という書物が五経の一つに加えられておったように思われるが、そういうものは漢代になって研究され、編纂整理されて、ここに『易』もでき、四書の『大学』『中庸』『論語』『孟子』がだんだん発見され、編纂されていった。このうち『大学』と『中庸』は、初めは『礼記』の中にあったのです。宋の時代になり、程子が特に研究して、『大学』『中庸』は非常に立派なものであるといって、『礼記』から抜き出して、それをさらに朱子が段落・章句の切り方などを研究して、「朱子章句」というものができた。新たに作ったのではありませんが、いわゆる教科書を開いたのであります。それがいわば「新本の大学」であり、それに対して元の『大学』を「古本大学」というのでありますが、これを私は持ってまいりました。普通、新本の『大学』の方が世の中に用いられておりますが、陽明学派は「古本大学」でよろしい。読み方や章句、段落の切り方が変わっているだけでありまして、たいして変わっていないのであります。

『大学』というのは一体何を言うか、これもいちいち詮索しておりますと限りのない話であります。けれども、これは要するに当時の知識階級、身分のある人の子弟を養うために、いろいろな学校が設けられていた。特にその上級の教育科目であるという説もあり、また「大人の学問」だという意味の説もあります。あるいは「大いなる学問」の意味だとする説もありますし、あるいはまた『礼記』の中の「学記」という一篇が教育制度を論じたのに対して、『大学』は教育の目的を論じたものだとする説もあります。そのすべてを含んでいると言えば一番よいかと思います。

『大学』はこういう簡単なものであるけれども、これに関する研究は大変なものであります。およそ「四書五経」の研究は東洋において、シナ、日本において非常に発達しておりまして、「東洋に哲学なし」などというけれども、四書五経などを研究すると、およそ人間として考えられるあらゆる思索をこれらの書物を中心にしてやっていると言ってもよいのであります。その証拠に、こういうものを本当に研究しようとすると、『十三経注疏』というものがありますが、さらに参考になるものに『皇清経解』千四百巻、『続皇清経解』千四百巻、それから『通志堂経解』千八百巻、その他『五経大全』『御纂七経』などいろいろな書物があります。それこそ汗牛充棟もままならず、それらをこつこつと研究していたならば、白髪頭になるまで一句をつっついておってなおかつ終わるところを知らないのであります。だから陶淵明などは書を読んで甚解を求めず、「そういうものをこつこつ勉強していると頭が煩雑になって駄目になる。それより大義を掴んであまりつつかない方がよい」と言っております。我々学究は往々にしてその感を深くするのであります。

たとえば『大学』の中に「致知格物」という言葉が出てきますが、格物の「格」という文字をどう解するかということについて『経史問答』を見ると、七十二家の説がある。「格」という一字を七十二家が議論して、誰それはこう読むが、俺はこう読むのだ、というておると、その格という一字の考究で一生を終わるそうであります。だから学問というものは、やりようによっては深遠であるが、やりようによっては煩雑になる。そもそも学問の第一義は――殊に経学の第一義は我々の生活の指導原理の学問であるから、学問がそういう手続きを終了して、いかに詳しくなっていっても、それが結局我々の生活になんら指導的な力にならなければ、それこそ何にもならないのであります。この経学というものは、我々の実生活を強く導いて行く原理たることを失わない範囲において考究すべきものであります。それを失ってまで研究していたのでは腐儒、迂儒というようなことになる。この点は大いに警戒を要することであります。今日の西洋哲学がその通りです。

ちょうど東洋に考証訓詁《くんこ》の書物がありまして、非常に結構なものであると共に、また非常に愚なものであります。これは『大学』の格物の「格」というのは、何と解するのが本当であるか、そもそもそれを格などという字に読みだしたのはいつ頃からであるか、一体孔子はいつ頃生まれた人であるか、いつ死んだ人か、七十三歳で死んだという者があれば、いや俺は七十四歳説だというようなことを言う――これが考証訓詁の学問。そのために無闇に書物をあさって結局、孔子が七十四歳で死んだということを説明する。それは意味あり、価値ある学問には相違ないのですけれども、考えてみると、一般世間の人には迷惑な話で、孔子が七十三で死のうが、七十四で死のうが、生活原理の点からいうと何にもならぬ。結局一生かかって研究しても、『論語』の中にはどんなことが書いてあるか、ということは分からない人間がある。こういう人たちを世間では「迂儒」とか「腐れ儒者」だといっている。

これに対して義理学派、性理学派、心学があり、さらに文芸派ともいうべき詞章、文詞、詩章の方面、あるいは詩を作ったり、文章を書いたりするのを専門にする漢学もある。考証訓詁の学問は、これら文芸派や、哲学派に対して科学派といえる。

このように、漢学には科学派、文芸派、哲学派の三派があるが、それぞれ弊害がありま す。一方だけに偏してやっていると、人間がそれこそ腐れ儒者になって、人生の指導原理に何の役にも立たぬ木偶《でく》のようになってしまいます。そういう儒者は人生の現実に触れて現実を有利にしようとしないものであり、ひとつはまた学問を弄する論理的遊戯に堕してしまう。あるいは禅で言うと野狐禅――ただもう形式的坐禅、瞑想に耽ると同じで空疎になりやすい。また他の一方は詩を作ったり文章を作っていたりするから、結局人生の指導原理にならない。軽薄な三文文士になっている。いずれにしても危険性が伴うのでありま す。本当に詩を作ろうと思ったら、やはり義理に徹しなければならぬ。我々の精神生活の理法に徹しなければならぬ。我々が本当に精神生活をしようと思えば、必ずこれが科学的、性学でなければならぬ。どうしてもこの三つを調和的に研究する必要を感ずるのでありま す。一歩を誤ればそれぞれみな間違いが起こりやすいのであります。いわゆる朱子学派という方は、どうかするとこっちへ傾くのです。いわゆる考証学派というのは、どちらかというと性理の方でありまして、空理空論に走りやすい。

これから本文に入りたいと思います。

明明徳——人間に与えられた無限の可能性を開発せよ

「大学之道、在明明徳、在親民、在止於至善」。

これが名高い「大学の三綱領」と称するものであります。『大学』は要するにこれを説いたものであります。『大学』のこれが総論であります。

これが考証訓詁的に言いますと、なかなかやかましいのです。今日の西洋哲学というものも、これと同じで、殊にカント以来のカント派、新カント派以来のものをみますと、性理の方がすこぶる空疎になっております。この頃の西洋の精神科学の方面を見ますと、科学・哲学両方面から見てゆきますと、両方とも悪いことになっている。例えば意識とは何ぞや、理知とは何ぞや、意思とは何ぞや、というような事をつついている。いくらああいう哲学をやったところで人間の信念も情操も養えない。社会学を学んだところで、社会とは何ぞや、社会意識とは何ぞや、共同体とは何ぞや、というようなことばかりつついていては、我々の社会に応用する力は少しも養えない。東洋の学問も西洋の学問も、どれか一つやって見ると、その構成、情調を異にするだけであります。

「大学之道、在明明徳」、明徳ということにやかましい議論があります。

「明徳」をいままで「明らかなる徳」というふうにいっていた。けれども明徳の「明」という字を単に「明らかなり」というふうに解釈するのは軽きに過ぎる。もっと「明」という字に「徳」と同じような力を持たせなければならぬ。

「徳」　「徳」というのは「得」と相通じ、人間が天然に与えられているところのもの、天より得ているところのもの、造化《ぞうか》的に得ているものを「徳」という。

宇宙・人生の進化発展を考えてみるに、まず生物が現われてから今日のような文化人類が出現するまでに、何億年経っているかしれませんが、少なくも人間が地上に足跡をしている期間だけでも五十万年はかかっている。その間、一切万物を抱擁してきて、それが徐《おもむろ》に善を求め、真を追い、美を追うというような人格者というものにまで高めてきたわけであります。その人間の発生するまでの生物進化の道程というものは、多少とも存在しているに相違ない。けれども人間に比べて言うならば、それは無意識的の進行です。

「玄徳」より「明徳」へ　人間に至って明瞭に意識というものが開けている。突如として開けたのではなく、だんだんと開けたのである。木にも草にも発達がありましょう。石にも幽かなる程度においてあるかも知れない。人間は比較的明瞭に意識的存在であるが、人間以前はいわば無意識的進行であります。大きく分けてそう言えるのであります。そうしてこの時代まで、即ち進化から得ている徳を「玄徳」と言う。それは無意識的、非意識的、超意識的等々、いろいろに解釈される。玄徳的なるものが、人間に至って意識、自覚、内省というようなものを生じてくる意味で「明徳」という。だから「自然より人生へ」という言葉は、換言すれば「玄徳より明徳へ」という言葉になる。これが宇宙の進行。

そこで人間以外においてはとうてい見られないような複雑なる感覚、感情、人生の軌範的精神、理想、そういうものが人間の徳の中には含まっているわけであります。この徳が含んでいるいろいろな感覚、感情、情操、軌範的精神、理想的精神というようなものを「明」という。同じ徳でも、玄徳ではない、明徳なのであります。だから人の人たる所以は、人が学ぶ最も大なる意味は、また大人のやる学問は、我々が天より得ているところの明徳、つまりいろいろな感覚、感情、情操、軌範的精神、そういうものを、できるだけ光輝を発せしめてゆく、明らかにしてゆくことにあります。

茶道の明徳　だからごく卑近な解釈をしますと、我々は始終飲食しておりますが、芸術家ならぬ芸道に達せぬ我々は、同じ水を飲んでも、同じ茶を飲んでも、すこぶる動物的な茶の飲み方をしているわけであります。ところが茶道を学んだ人は、茶を飲んでも、これは濁り水から汲んで来た茶だ、これは谷間の急流を汲んで来た茶だということがちゃんと判るそうです。そこまで我々の感覚が鑑別する。この感覚は一つの明徳です。だから茶道をやって、味覚によってそれほどに味わい分けるということは、一つの明徳を明らかにすることである。この意味で、茶道は一つの明徳を明らかにするものである。非常に酒の好きな人は、酒を飲んで、これは燗ざましだ、これは樽の底の酒だというようなことを、ちゃんと味わい分ける。コップ酒でもあおるような連中は、どこの酒だかわからず、酒でさえあればよいというような、きわめて意識が玄徳である。

聴覚というものも、我々の徳であります。我々の聴覚は、同じ徳でもきわめて玄徳的であります。明徳的でない。だから常磐津やら、清元やら、長唄やら、なにか分からぬという〝玄徳居士〟がたくさんいる。音楽をやって、この明徳を明らかにしてきた人は、ちゃんとそれを聴き分ける。

けれども、こういうことを言えば、ほかにもっともっと優れた明徳があるわけであります。我々の徳には限りがない。そんな低級な酒の味や、水の味には玄徳であっても、もっと尊い徳において明徳をもっている。とにかく、「明徳を明らかにする」ということには、人間が天より得ているものを、すべてできるだけ豊富に、できるだけ偉大に、できるだけ精巧にこれを開発していくことです。ですから「明徳」の中には宗教も、哲学も、文学も入るし、ないしは商売でも農業でも、みんな入ってくるわけです。

土地の明徳　私が経営しております日本農士学校の農場に、私の弟子で瀬下《せしも》(武松)という奇特な青年がいる。いかにも出来た人物であるので、私が抜擢して二年間、国典漢籍をみっちり教えてみた。彼が最も力を入れて勉強したのが『大学』であります。『大学』

によって、よほど悟るところがあったようです。彼は、さすがに農場経営をやってきた農業家であるだけに、『大学』を読んで、その内容がことごとく彼の農業生活の原理になってくる。そこが面白いところです。私どもではいくら『大学』を読んでも、農業的にこれを悟るなどということはできない。それは私がそういう生活をしていないからです。彼は『大学』を読んで、『大学』を楽しみ、そこで説かれている原理を、いちいち自分と農業生活に当てはめてゆく。

まず彼は、明徳ということを土地について考える。土地が物を生成化育する地力というものは、土地の明徳であります。人間から言えば玄徳だけれども、土地から言えば、これは明徳。そこでその明徳を自分の力でどれくらい開発することができるかというので、彼は自分の作っている馬鈴薯の反当たり収量を上げることに挑戦した。非常な苦心の結果、普通反当たり三百貫ぐらいのところを、彼は馬鈴薯の味を落とさないで八百貫産出することができた。それに励まされて弟子たちは、ついに千五百貫まで作るようになった。ここらに非常に妙味がある。迂儒・腐儒の学問に勝ること万々である。

「明」というのは、「明らかである」というよりは「妙」といったほうがよほど適する。詩を作るより田を作る方が面白いですね。この事に私は感心させられるのであります。そういうわけで「明徳」というのは、ただちに宗教にも道徳にも芸術にもすべてに通ずる。

親民――親しくして初めて新たに

三綱領の第二の「在親民」は「民に親しむにあり」とも読み、「民を親しましむるにあり」とも読む。自分を中心にして行けば「民に親しむあり」。自分を別にしておいて人のこととして読んでいけば「民を親しましむるにあり」。政治家的に読めば「民を親しましむるにあり」。道徳的に読めば「民に親しむにあり」、あるいは「民を親しうするにあり」と読んだ方がよい。これも明徳を明らかにしてゆくということです。世間で今まで自分と無関係であったものがだんだん自分に統一されてくる。すなわち自分とよそよそしかったものが、だんだん自分と親しくなってくることです。ここで「民」というのは、民衆だけではない。民とは己れに対するものを民というふうに解釈しております。

豆の科学的明徳

たとえばここに豆がある。豆などというものは、つまらぬ食い物のように考えられているが、これでは豆という〝民〟に親しんでいない、一向疎遠なものであります。しかし、ここで豆の科学的明徳を明らかにしていくと、豆というものが身体諸器官にとてもよいものであることがわかる。たとえば、黄色い豆は、肝臓、胆嚢によろしい。したがって胆気といって、我々の気力気魄を養うのに最もよろしい。これを馬に食わせると非常によく走る。青豆は脾臓によい。特に記憶力を養うには青豆を食えという。小豆、黒豆を食うと心臓によい。また咽喉にもよく、耳にもよろしい。心臓と咽喉と耳とは一貫した系統のものです。だから音楽家はよく黒豆を食う。赤豆、小豆は心臓、小腸によろしい。白豆は肺に良い。豆がそんなに身体に良いものならば、ビフテキなど食う必要はない、豆を食うに限る。こうなると、大いに豆に親しくなってくる。

「民に親しむ」というのは、物を研究し、物の性質を明らかにすることであり、それは自分が物と一つになることである。すべて我々が道を学ぶということは、利己的生活、個人主義的生活から大きな統一的生活に進むことである。明徳を明らかにするということは、自然に民に親しむということになって、民に親しむところに創造が行なわれる。ここに新たなる進化が行なわれ、物が新たになっていく。いままでの豆でなく、新たなる意義を持った豆になっていく。だから親しくして初めて新たになり得るのであります。

程子、朱子は「親民」の「親」は「新」と書いた方がよいといっている。「日々に新たにして、日々に新たに」とか「新民を作す」とかの句が後で出てきますから、それと前後つじつまを合わすために、この「親」という一字は「新」という字にするがよろしいというのであります。これに対し、陽明学派は、そんなことをする必要はない、「親」なれば「新」なり、わざわざ「新」に変える必要はないとして「親民説」をとっている。これはどちらでなくてはならぬ、というのではないので、後の方にしておけばよい。私も「親民」でよいと思う。

至善――相対的境地を止揚した絶対的境地

その次は「在止於至善」であります。

この「止」という字は「止《とど》まる」と読んでもよいのであるけれども、「至善に居るに在《あ》り」と読んで差し支えない。そもそも「止」というのは足形であります。土の上についた足指の跡であります。人がこうして出かけるから、それをこういうふうに書いたのです。だから「止まる」であり、「居る」であり、そこまで「行く」「至る」であります。だから「至善に居るに在り」あるいは「至善に至るに在り」、あるいは「至善に止まるに在り」と読んでもよろしい。こう読まなければならぬということはない。

「在止於至善」の「至善」についての論議がまたやかましい。至善というのは善悪というような相対的な境地をもう一つ切りつめた、絶対的意味に於ける善、つまり「絶対的善」にまで入って行くことである。これは決して「相対的の善」を退けるのではありませんが、しかし相対的境地にとどまってはならない。

是非善悪の葛藤を止揚　我々が人生に向かっていろいろな目的を持てば持つほど、是非善悪の葛藤があるが、我々が少しでも大きい高い境地に進んで行けば、煩瑣な相対的境地が絶対的に高まってゆく。くだらぬ矛盾葛藤がだんだん処理されてゆく。我々の生きる方面が低ければ低いほど、我々が利己的な欲望に生きれば生きるほど、我々の善悪の葛藤が非常に煩瑣になってくる。そういうわけで、我々の生活が少しでも高まってゆき、大きくなってゆかねばならぬのであります。そうすると自然に、低い煩瑣な意味の善は解決されて、絶対的の境地に至らなければならぬ。即ち至善に至らなければならぬ。

もし私共に理想というものがなくて、毎日ブラブラして暮していれば、朝起きるのが眠い。面会人が来たらうるさいということになる。食膳に坐っても、飯がまずい、煮方が悪い、茶がぬるいなどと言う。着物に垢がついているとか、古くなったとか、破れたとか、とかく善悪の葛藤が多い、ところが大きな用事でもあるときには、朝眠いなどと言っておれず、飯だってどうかすると、うまいか、まずいか分からぬで済ますし、着物も有り合わせのものを着て行くというふうに、我々の身辺の生活というものは非常に簡単になる。簡素化される。だから理想精神の旺盛な者の生活は必ず簡素になり、剛健になる。いざこざがなくなってくるのであります。したがって心を無辺に遊ばす者は人生の風雨にあまり当たらない。

周茂叔の言葉に「窓前草除かず、我が生と一般なり」ということがある。いつも書斎の前に草を茫々と生やしているので、ある人が「ちょっとお取りになったらどうか」というと、茂叔は「我が生と一般なり」と答えた。彼は読書研究に没頭しているとき、樹木と等しく天地間の生物である草が茫々と生えるのを見て楽しんでおったのであります。

ところがそういう哲学に沈潜するとか、学問に没頭するというような生活でなくて、たとえば庭で花を作るとかした場合、雑草が生えるということは花にとって大敵であります。毎日雑草を取らなければならぬ。王陽明の弟子に薛侃という人がある。花を作って草むしりをしながら「どうも雑草というものは困ったものだ」と憤慨しておった。そこへ王陽明が立ち停まって「お前が毎日草を除くのは、草を悪と見、花を善と考えるからである。しかしその見方は間違っている。天地の生意は花草一般なり」といって現地教育をやっている。これは『伝習録』にある、実に生きた教育です。それを考えれば善悪の問題は直ちに解決する。そこらに我々は非常に考えさせられる点がある。

このように「至善」というのは、「相対的境地を処理した絶対的境地」をいう。そこまで至らなければならない。だから自分の中にあるいろいろな感覚、感情、情操、理想精神、規範的な能力、そういうものをだんだん開拓していって、自分と無関係なものも自分の中に抱擁統一して、相対界から絶対界に進んでゆくのが「大学の道」だという。これに反して、だんだん個人主義的、利己的、唯物的になって行くのが俗学であり、俗人の生活。こう考えれば「明明徳、親民、止於至善」の「大学の三綱領」が、はっきりするだろうと思います。

人物が出来ると、身体・言語動作が決まってくる

「知止而后有定。定而后能静。静而后能安。安而后能慮。慮而后能得」。まさしくその通りであります。「定まる」というのは、「落ち着く」と解釈すれば一番よい。「知る」というのも、単に「理解する」というだけの意味ではない。「知る」というのは「つかむ」という意味で、本当に知ることである。頭の先で知るのではなくて身体で知る。だから「支配する」「治める」という意味にもなる。動物的に行くのではなく、人間的にそこへ行く。概念的、遊戯的に行くのではなく、本当にそこへ行く。そのようにして「とどまるを知って」しかる後に定まって来る。

決まる、定まる、落ち着くというようなものは、少しでも明徳的に進んで行くにしたがって生じて来る。姿勢でいうと、本当に我々が静坐の修行をしてくると、身体がちゃんと決まってくる。茶をやっても、剣道をやってもそうである。ある段階まで至らず、入り口でまごまごしている時は、やはり身体がヘナヘナしている。坐禅でも、剣道でも、あるところまで進むと必ず身体が定まって、姿勢が決まってくる。音楽でも、絵画でも、何でもそうです。「知止而后有定」です。

定まってくると板についてくる。落ち着いてくると、而る后に能《よ》く静か。「静」ということは絶対であり、造化の真相であり、ひとつの特徴であります。物静かで、がさつにならない。

「静而后能安」。謡曲でも小唄でも、上手が歌いますと、どんな急調子のところでも、そこに落ち着きがある。静かで、どこか悠々とした安けさがある。ところが下手がやると、追いかけてみたり、遅れてみたり、なんだかがさがさしていて、安定しない、静かでない。

人間でもそうです。人物が出来てくると、どこか身体にも言語動作にも決まりがあって、静かでおっとりとしております。安心さがある。修養しない人間は言語動作のことごとくが、がさがさしている。そして終始あわただしくて落ち着かぬ。しっかり落ち着いている人ならば、よかれ悪《あ》しかれ出来ている人間にちがいない。オッチョコチョイの人間は、どんなに利口でも、どんなに器用でも、こいつは本当ではない。「定静」ということは、もののの上品下品を測る非常によい手掛かりです。

「安而后能慮」したがってこういう徴候を見るようになってくれば、ここで本当に知恵が働いてくる。知識の働きが深まってくる。そこまで行けばよく物の真実をつかむことができる。一段と明徳を得てくる。

女性に「定」あり　我々がよく感ずるのでありますが、世間に時めいている男の名士というやつに案外つまらぬやつがいる。がさがさして、あいつがああいう地位におってよくやって行けるなというようなつまらぬ人がある。そういう人の家庭へ行ってみると、奥さんに非常に偉い人がいる。婦人にして非常によく慮る女がある。あれは何に拠るかというと、女は男と違って内省的であります。男は外向的のものであります。男の本性というものは、理性であるとか、功名心、物欲、才幹であるとか、肉体的な力などですが、女というものは、己れを忘れてより大きなものに生きる。男は家庭においても始終、主義的に生きる。女は一度嫁に行くと、自分を忘れて夫のため、子供のため、親のために生きている。だからこれは男よりは至善にとどまっているわけです。とどまっているから女というものは定まっている。だから女が度胸を据えたとなると、男よりはよほどしっかりしている。

監獄へ行って聞いてみても、男の死刑囚は絞首台に一人で歩いて行けません。足が立たない。両方から助けられてでなければ絞首台に十中八九までは上がれない。女の死刑囚は十人のうち八人までは一人で歩いて行く。これはあまり褒めた例ではないけれども、「定あり」である。だから女は「定而后能静」で、男よりは静かでどこか安心している。

そのうえ女というものは頭が直感的に働く特徴がある。とかく男というものは記憶力だの論理的な理解力というものは発達しているが、物を直感的に判断するということは案外発達しておらぬ。そのうえに落ち着かない。世間の富貴だの功名だのというものに、とらわれやすい。いろいろな欲でいつも浮き浮きしているから、頭の働きがうまくゆかない。人と物から離れているから物の真相をつかむ。だから古《いにしえ》より英雄君子には相棒があった。一身に英雄と哲人との両要素を兼ね備えているのは少ない。お互いに分担してやっているようである。徳川家康には天海《てんかい》僧正、家光には沢庵《たくあん》、足利尊氏には夢窓《むそう》国師、ビスマルクにはラムポラというような人がついている。大事業の跡を見ると、必ずそうなっている。近ごろの政治家はそれが分からず、功名富貴にマゴマゴしているから、頭がフラフラしてろくなことをしでかさぬ。

英雄と哲人の要素を分担　その点、名僧善智識というものは功名富貴から離れている。

婦人というものは、がさがさした亭主に連れ添うて、欲を離れ己れを忘れて生活している。すべて本能的に考えているものであるから、案外悠々としている。そうして本当に物をつかむ。とんまなのろまな亭主には天の配剤で賢夫人というものがついている。これは造化の妙であります。

「知止而后有定」で、「定而后能静。静而后能安。安而后能慮。慮而后能得」、——これは我々の味わいのある人生の体験より発していることに相違ない。

古典の妙味というものは論理や概念の遊戯ではない。古聖賢、あるいはその弟子たちが、先賢を思うて、あるいは子女を思うて編纂したものであります。体験が滲み出ているから愉快であります。

根本を培養せよ

「物有本末。事有終始。知所先後、則近道矣」。物には必ず本と末とがある。事に終わりと始めとがある。何が根本で何が末梢か、何が先決問題で何が後の問題であるか、ということを知れば「道」に近い。「道」とは創造の理法、造化の理法のことをいう。それに近づいてくるのである。これをひっくり返すと大変なことになる。

石に見る永遠の宇宙の大道

私は今にして初めて古人の言の容易ならざることが分かってきましたが、私が子供の時分に田舎にいた私の叔父は、老荘学者として非常に学問が好きであったが、非常に石が好きで、石を見て廻っていることがある。またどこからか拾ってきて、それをさすっている。それを見て、私は、いったい石なんかさすって何になるか、と思っていた。ところが、あるとき叔父が「石というものは非常に面白い。この石が分かるようになったら、初めて共に学問道徳を談ずるに足る。石よりも脂粉臭い女の方に興味を持っている間はまだ本物でない」という。大学に行っていた私たちは、老人臭いことを言うと思っていた。ところが、今頃しみじみその言葉を思い出す。ぼつぼつ石が好きになってきたので、私も年を取ったなと思うが、「物に本末あり」というのはそこです。

近頃の西洋の科学者が我々に教えてくれるところによると、原初、岩石ばかりであった地球上に、いつか有機物が生まれ、植物と動物が生まれてくる。その動物は単細胞動物から多細胞動物となり、次に軟体動物が出てきて猿のようなものが出来てくる。手長猿だの尾長猿が出て、人間が出てくる。このように宇宙は刻々と進化しているが、石はその始めに位置している。何が根本であるかというと、石が根幹である。それ以後のものは発達であると同時に、分散であり、末梢化であります。文化というものは非常に末梢化しているわけです。それで考えてみると、人間の刺激は末梢的な愉快さです。まだ犬や猫を見ているると、人間同士でいるときよりも物静かなおぼろげなくつろぎを感ずる。舟に乗って魚釣りをやるときは、犬や猫を可愛がっているときとは違う愉快がある。それは非常に永遠的な愉快である。石を見ているときは、最もエターナルな静かなくつろぎ、ゆとり、楽しみを我々は発見することができる。したがって石が楽しみになるということは、永遠の宇宙の大道、根本道を楽しむことができるようになっているということです。金や女を追っかけ廻している間は、末梢的段階でマゴマゴしていることなのです。

宇宙というものは非常に悠久なものです。根本の方へ絶えず引っ張っておらないと、本当の発展ができない。だから文明人になればなるほど自然というものを愛好しなければ生きていられない。

我々には造化の外に発展しようとする力と、内に統一しようとする力とがある。この根幹に帰る力を含むことが多ければ多いほど永遠的になってくる。この根幹に帰る力が薄らいで、外へ外へと延びて行くと刹那的になってくる。非常に繊弱になり、はかなくなってくる。よって我々は、どれが根本でどれが末梢であるかということをよく知って、根本を培養しなければならぬ。どちらが末でどちらが先だかということを知る。先後するところを知らなければならぬ。これは造化という面から言って非常に大切なことである。これを忘れると「道」に遠くなる。以上が「三綱領」である。

「格物」——科学的読み方と哲学的・認識論的読み方

その次が「八条目」といわれる八箇条。

「古之欲明明徳於天下者、先治其国。欲治其国者、先斉其家。欲斉其家者、先脩其身。欲脩其身者、先正其心。欲正其心者、先誠其意。欲誠其意者、先致其知。致知在格物」。格物、致知、誠意、正心、修身、斉家、治国、平天下、八つになります。これを三綱領に対して八条目といいます。

「物格而后知至、知至而后意誠、意誠而后心正、心正而后身脩、身脩而后家斉、家斉而后国治、国治而后天下平。自天子以至於庶人、壱是皆以脩身為本」。中江藤樹《なかえとうじゅ》が読んで非常に感激したというところです。

この本末先後というところから考えて行くと、まず自分を問題にする。つまり自分の何が発達段階であるか、何が根本であるかと言えば、天下を治めるとか何とかいうのは頂上の問題であります。天下に明徳を明らかにするためには、それに先んずべき問題として、その国を治めるということがなければならぬ。その国を治めるということの先決問題あるいは根本問題として、まず其の家を斉えなければならない。家を斉えるための先決問題・根本問題は修身ということでなければならぬ。身を修めるには、これに先だつ根本精神として「心を正す」ということが必要である。心の根本形式は意思であります。意思というものは、精神の最も根本的な形式の働きであります。したがって意を誠にするためにはまず知を致さなければならぬ。我々の知識、我々の精神、我々の意識、我々の理性の働き、これを完成し、樹立しなければならぬ。そのための鍵は「格物」にある。

この「格」がなかなかの問題で、先述のように七十二家の説があるというくらいの問題であります。最も新しい訓詁学によりますと、「物」を「法」と解しようという主義が採用されております。「天生蒸民、有物有則」〈天、蒸民を生ずるに物有り則有り〉という場合の「物」はこの「法」の意味であります。古典に「不物者」という句がありますが、これは「不法者、禁を犯す者、法のごとく生活しない者」の意です。法律の「法」の意味に「物」

という字を使う。

次に「格」という字の読み方、解釈の仕方として、大きく分けると朱子学派的に「至る」と読むのと、陽明学派として「正す」と読むのと両説がある。そして互いに排斥しあっているのは、はなはだ妥当でない。

朱子学派の「知を致すは物に至るにあり」という読み方と、陽明学派の「物を正すにあり」という読み方があるわけであるが、物を法と解釈すれば、つまり物の中には法があるわけです。自然科学というものは物の間に行なわれている法則を研究するものであり、哲学というのは人格性格に含む法則を研究してゆくものであります。物というのは広い読み方であり、法というのは狭い意味の読み方です。だから物と読んでもよいし、法と読んでも、どっちでもよろしい。ここでは、そうむずかしく詮索せずに、物と読んでおきましょう。

「物に至るにあり」というのはそれぞれ意味がありますが、どちらかというと科学的な意味の読み方であります。「物を正す」という方は哲学的・認識論的意味の読み方であります。ただし科学が進んで行けば同じ趣になります。実例でいいますと、昔の人は太陽が東から出て地球を中心に西へ運行するものだと考えていた。ところが研究してみると、その常識的な考え方が間違っていることがわかった。本当は地球が太陽に対し、西から東に向かって回転していると正さなくてはならぬ。我々が普通に考えていることは決して世の中の真なりとは言えない。だから我々が学問をするとき、修養をするときに、我々の普通の考え方、普通のやり方というものを正してゆかなくてはならぬ。そうしなければ物の真相は得られない――という意味に解釈するのが陽明学派の「格物」の「格」の字の読み方であります。

けれども「至る」というのは物の真相に到達することであって、それこそ「物の法則、物の真実に至ることである」ということもできる。「物の真に至る」というのは〝科学的〟と解釈することができる。それで、どちらかというと科学的に考えた方が、そう読んだ方がよろしいというのは朱子学派である。

こうして両説共に捨て難い妙味があるのであります。相排斥するということはよろしくない。だから我々が本当に学問修養をしてゆこうと思ったならば、ただ漫然とありきたりの生活をしているわけにはゆかぬ。日常の経験というものをできるだけ正してゆかなければならぬ。あるいは物の真実に到達してゆかなければならぬ。そこで初めて事の知識、本当の自覚というものが生じてくる。それによって「我々はこうすべきではなかった、こうしなければならぬ」というふうに、我々の意識を誠にして行くことができる。誠ということは最も深く造化的であり、絶対的であり、したがって真実であります。こうして我々の意思を真実にして行くことができる。そうすると心全体の働き（潜在意識に対する心です）が正しくなり、それが正しくなってゆけば自分の身が修まってくる。自分の身が修まってくれば家が斉ってくる。家が斉ってくれば国が治まってくる。国が治まってくれば天下が平らかに治まってくる。而《しこう》して天子より一般人民に至るまで、身を修めるということを本としなければならぬ、というわけである。したがって致知格物となる。字の示す如し。

「其本乱、而末治者否矣」、本が乱れて末が治まりようがない。

「其所厚者薄、而其所薄者厚、未之有也」、未という字は無に通じるから、「これある無きなり」と読んでもよい。これが『大学』の有名な八条目。

為政者が陽明学を排斥する理由

最後に「格物」の解釈をめぐる陽明学派と朱子学派の相違が実際面においてどのように現われてくるのか。例えば、為政者はなぜ朱子学派の方を採用しているのか。なぜ陽明学派の説を時の為政者は採らぬかがこれで分かる。

一方は、物の真相に到達することを「物に至る」という態度で行なっている。一方は「物を正すにあり」という態度である。現在の有様は必ずしも真であるかどうか分からぬのである。もし間違っているなら、これを我々が正して行かなければならぬ、と考える。

こうした極めて改革的な考えを陽明学派の方はどうしても持つ。これに対し、朱子学派の方は、とにもかくにも物をよく見ようというわけで、「改める」というよりは「物を見よう」という立場にある。

「物を考えよう、観察しよう」が一転すれば、一方は非常に保守的になり、一方は非常に変革、革命的になってくる。だから社会生活、国家生活でいうと、朱子学派の方は、一応現在の生活、現在の秩序を是認してかかる。陽明学派の方は、現在の如何にかかわらず、終始己れの良心に顧みて、自分の思索判断から現実を直ちになんとか処理してゆこう、変革してゆこうという態度である。

これを支配階級からいうならば、どちらが自分たちに便利であるか、明瞭である。朱子学派の方が便利である。陽明学派の方は危なくてしようがない。自分たち〈支配階級〉のしていることを直ぐには受け入れないで、いっぺん考えてみる。そして自分で考えて、こうしなければならぬということになると、どこまでもそれを通す。これでは支配階級にとって、まことに都合が悪い。そこで、陽明学派は日本でも必ず遠ざけられた。朱子学派の方が都合がよい。

これは「格物」の「格」の読み方で直ぐに分かることです。それだけに、どちらが生き生きしてくるかと言えば、陽明学派の方が生き生きしてくる。どちらが間違いやすいかと言えば、陽明学派の方が間違いやすい。したがって陽明学派というものは大いに洗練警戒を要するわけであります。

これで『大学』は一段落です。以上は総論であります。

安岡教学の精髄「人物学」

豊田良平

世間では、よく「あの人は仕事の出来る人だ」という言い方をします。〝仕事の出来る人〟という評価を受けると、周囲から支持され、仕事がやりやすくなります。それにつれて仕事の成果はますます上がり、やっている人の人生は、いっそう楽しいものになってゆきます。

人間誰しもこうありたいところですが、そうなるためには、その人の「人物」が出来なければならない。少々の才能があっても、すぐにへこたれたり、自分のことだけを大切に考えるような人間には、長続きする大きな仕事はできない。仕事ができなければ、人生を喜び楽しむこともできません。

楽しまずして何の人生かであります。だから生きていることを喜び、人生を楽しむためには、いわゆる人間が出来なければなりません。〝人間が出来る〟ためには、人間の在《あ》るべき姿を求め、その目標に向かって修養、努力しなければならない。そのための指針となる学問が「人物学」であります。

中国では、古来「人物学」がたいへん盛んで、すべての学問は人物学につながってくるとも言えます。

この『大学』も「人を治める学」を説いたものであると同時に〝人を治め得る人〟となるための「己れを修める学」を説いたものでもあります。その「三綱領・八条目」の終わりに「天子より以て庶人に至るまで、壱《いっ》に是《こ》れ皆《みな》身を脩むるを以て本《もと》と為《な》す。其《そ》の本《もと》乱れて末《すえ》治まる者は否《あら》ず」とあります。

これは一国を治めるにも、会社を経営してゆくにも、家庭円満に子弟を教育するにも、立派な仕事をやってゆくにも、その任に当たる個々人が自分自身をよく磨き、すぐれた人物とならない限り、ものごとはうまくゆかないよ、と喝破しているのであります。そしてこの後に続く「伝」（各論篇）には、人物を練るための指標となる古聖賢の行跡が紹介されております。このことから言っても『大学』は、最も哲学的な「人物学の書」とも言えるわけです。よって一国の首相は首相なりに、会社の経営者は経営者なりに、部長も課長も新入社員も、それぞれの立場で『大学』からすばらしい人物学を摂取できると思います。

ただ、『大学』および、その入門書ともいうべき『小学』から人物学を学ぶとしても、実践すべき目標を抽出し、それを筋道だてて肚《はら》に入れることは、容易なことではありません。実践すべき目標が明確でなく、それがバラバラであっては、『大学』『小学』を学ぶ価値が減殺されてしまいます。「知ること」と「行なうこと」が合一して、はじめて学問の値打ちがでてくるわけですから、ここは是非とも実践に結びつけたいところです。古来『大学』『小学』は人物修養の中心的教科書だったのですから、なおさらのことです。

人物たることの根本条件は気力・気魄

ここに右のジレンマを解消する、すばらしい指導書があります。それは安岡先生の著書『続経世瑣言』(昭和十七年刊)の中の、その名もずばり「人物学」と銘打った一篇であります。これは『大学』『小学』『中庸』『論語』『孟子』など中国古典を基礎とする人物学的・陽明学的エッセンスと言えるものであります。この一篇に若い頃から親しんだ私は、これを「安岡陽明哲学ないしは安岡実践哲学の精髄」であるとさえ思っております。

私がこの『続経世瑣言』にめぐり合ったのは、中国戦線に応召中の昭和十七年、黄河のほとりの町、運城の書店でのことでした。以来、北支、中支、南支、仏印、タイ、マレーシアと六千キロを転戦する間、私はこの書を何度も何度もボロボロになるまで読み続けた。特に「人物学」の一篇は私の聖書となり、安岡先生の教えが私に乗り移ったようになった。ただし、この時は頭で覚えこんだだけで、それを実践するのは、戦後復員して大阪北浜に戻ってからのことでした。

本を読んで理解し、覚えることは比較的やさしいが、それを実践することはたいへんにむつかしいことです。しかし人物学は生活原理に基づく具体的処世の学だから、実践しなければ何の役にも立ちません。逆に、艱難辛苦しても実行できれば、これほど力強く、また有難いものはない。まさに「活学」です。実際、昭和四十年の証券不況は「コンクリートの中からでも芽を出す」ほどの気力・気魄がなければやっていけないといわれた程のものでした。私がそれを乗り切ることができたのは、一にも二にも気力・活力によるものであり、それは安岡先生の「人物学」の実践によって養ったものであります。
次に安岡先生の「人物学」の中心部分（全体は他の話題も含んでおり長いので）を記してご参考に供したいと思います。

人物学（『続経世瑣言』より抜粋）

「人物」とはどういうことを言うのであろうか。

第一に、人物なるものの内容として根本的なものは何かと言えば、それは我々の気魄であり、活力であり、性命力（生の字より性の方がよい。肉体のみでなく、霊を持っているという意味で性命という）に富んでいることであります。肉体・精神共に根本において活発で燃えるような迫力を持っていることが大切です。万有一切、光も、熱も、電気も、磁気も、すべてがエネルギーの活動であり、変化であります。このエネルギーが旺盛でなければ森羅万象もない。我々も根本において性命力が旺盛で、活力・気魄が旺盛でなければ、善も悪も何もない。是も非もない。活力気魄を旺盛にすることが一番大事であります。

この気魄・活力即ち元気というものは客気であってはならない。客気というものは、お客さんのようにたまたまフラリとやって来て、すぐにいなくなるもので、客気はあてにならぬ。そんなものは本当の元気ではない。「真の元気」というものは、一般的には「志気」といいます。今日いう理想精神であります。一体に元気、即ち我々の気魄活力は創造力でありますから、生みの力、産霊《むすび》の力であります。そこで、これは必ず理想を生んでくる。元気が旺盛であるときには必ず理想がある。理想は空想とは違う。創造力のないのは空想であります。理想のことを古来、「志」といいますから、これを「志気」といいます。元気は客気でなくて志気でなければならない。理想を持った元気でなければならない。だから性命力の一番純真、旺盛なる少年時代は誰でも理想家であります。

このように気魄、活力、元気というものは、必ず理想を生むものであるから、人間は出来るだけ理想精神が旺盛でなければなりません。

人物たることの第二の条件は、「理想を持つ」ことであります。理想を持つと、その理想に照らして、現実に対する反省・批判というものが起こってくる。即ち「見識」というものが生ずるのであります。この見識はまた人物たることの大事な条件です。

「見識」というものは「知識」とは違います。「知識」を得ることは簡単ですが、「見識」というものは、性命より生ずる理想を追及して、初めて得られるものです。即ち理想に照らして、現実の複雑な経験を断定するものであります。知識などとは比較にならぬものである。人生に大事なものは知識より見識であります。

我々はいくら知識があり、学問があっても、日常生活の中の些細な問題さえ決定できぬことが多い。偉い学者といわれる人が、つまらぬ一瑣事にとらわれるということは、つまり知識と見識が違うからです。したがって見識というものは一つの決断力であり、これは人生において直ちに行為となって現れなければならぬ。決断は同時に行為でなければならぬ。したがって見識というものは、実践的でなければならぬ。

ところが見識が実践的になるには、またここに一つの勇気がいるわけである。この実践的勇気を称して、「胆力」といいます。だから見識というものは胆力でなければならぬのであります。

見識は進んでいえば「胆識」でなければならぬ。この見識を胆識にまで、つまり「胆力のある見識」にするには理想（ターゲット）というものが一貫不変でなければならぬ。いわゆる志気が、本当の元気（活力・気迫）から発する本物の志気になればなるほど、見識は胆識になってくる。この理想の一貫不変性を称して「気節」とか「節操」とか「信」というのであります。

そうすると、我々のささやかな生活、刹那的生活が、理想という遠大なものに結ばれることによって、それだけ大きさを生んでくるわけです。人間生活、自己自身に大きさを生んでくる。これを称して「器」とか「度」とか「量」とかいいます。これを結んで「度量」とか「器量」ともいいます。「あの人は器量人である」「あの人は度量がある」ということの本当の意味は、いかに遠大なる理想を持ち、いかに見識・気節があるかということであります。器量が出来てくると、それだけ理想と現実とが錬磨されてくるから、ますます深い見識が出来てくる。智慧が出来てくる。つまり人間の深さ〈造詣〉というものが生じ、それが洗練されてくるものですから、そこに「潤い」あるいは「趣」といった情操がにじみ出てくるのです。

そのようにして人間が本当に生きてくるにしたがって、天地の法則の通り、人間の性命が躍動してくるから、いわゆるリズミカルになって、「風韻」というものが生じてくる。「あの人は風韻がある、風格がある」というのは、その人独特の一種の芸術的存在になってくることであります。

このように、元気というものから志気となり、胆識となり、気節となり、器量となり、人間の造詣、蘊蓄《うんちく》となり、それが独特の情操風格を帯びて来る――これらが人物であることの根本問題中の根本問題であります。こういうものを備えてこなければ、人物とはいえない。人物を練る、人物を養うということは、こういうことを練ることです。

人物が出来てくると、たとえその人間の目鼻立ちがどんなに悪くとも、その悪い目鼻立ちが、そのまま何とも言えぬ美になってきて、よくなってくるものです。それはなまじ、のっぺりした美男子型の軽薄な顔とは、天地雲泥の相違になってくる。

修養というものは、その人の持っている性格の欠点をそのまま美化し善化することでありあます。短所をそのまま長所にすることが修養の妙味であります。人物を養わないでいると、せっかくの長所もそのまま短所になってしまう。たとえば目鼻立ちをよく生んでもらっても、その目鼻立ちがその人間の罪悪になり、短所になる。逆に人物を修めると、目鼻立ちが悪いという欠点がそのままによくなる。これが本当の創造であり、造化であります。世の中には、長所が短所の人間があり、短所が長所の人間もある。この短所が長所の人間ほど偉大なる人物であります。

艱難辛苦、喜・怒哀楽を勇敢に体験せよ

それではどうすれば人物が養えるのであろうか。人物学を修めて人物を鍛錬する、これも言えば限りのないことでありますが、原理は極めて簡単であると思います。

人物学を修める上において、もっとも大事な二つの秘訣があります。それは、まず第一に古今の優れた人物に学ぶということであります。つまり、できるだけ我々と同時代の優れた人物に親炙《しんしゃ》し、時と所を異にして親炙することができなければ、古人に学ぶのである。人物の研究というものは、抽象的な思想学問だけやっておっては遂げ得られないものです。どうしても、具体的に生きた人物を追求するか、できるだけそういう偉大なる人物の面目を伝え、魂をこめておる文献に接することであります。その点、古典というものは、歴史のふるいにかかっておりますから、特に力があります。そこで我々は優れた人物に学ぶと共に、優れた書物を読まなければならぬ。優れた書物とは、そういう優れた人物の魂を伝え、面目躍如とさせておるような書物であります。

つまり私淑する人物を持ち、愛読書（座右の書）を持つということが、人物学を修める根本的、絶対的条件であります。雑然たる編集物、空虚な概念と論理との抽象的思想文章に親しんでおって、人物学の出来るわけはない。

その次に、人物学に伴う実践、すなわち人物修練の根本的条件は怯《お》めず、臆《おく》せず、勇敢に、

そして己れを空しうして、あらゆる人生の経験を嘗《な》め尽くすことであります。人生の艱難辛苦、喜怒哀楽、利害得失、栄枯盛衰を勇敢に体験することです。その体験の中にその信念を生かして行って、初めて知行合一的に自己人物を練ることが出来るのであります（以下略）。

〈安岡先生は、人物を修めるための平生の心がけとして、次の三項を挙げております（同書の「忙人の身心摂養法」より）〉

第一に、心中常に「喜神《きしん》」を含むこと。神《しん》とは深く根本的に指して言った心のことで、どんなに苦しいことに遭っても、心のどこか奥の方に喜びを持つということです。実例で言えば、人から誹《そし》られたり、あられもないことを言われると、憤るのが人情であるが、たとえ怒っても、その心のどこか奥に「イヤこういうことも、実は自分を反省し、錬磨する所縁になる。そこで自分という人間が出来てゆくのだ。結構、ありがたいことだ」と思うことです。人の毀誉褒貶なども、虚心坦懐に接すれば案外面白いことで、これが「喜神」です。

第二は、心中絶えず感謝の念を含むこと。一椀の飯を食っても有り難い、無事に年を過ごしても有り難い。何かにつけて感謝感恩の気持ちを持つことであります。

第三に、常に陰徳を志すこと。絶えず人知れず善いことをしてゆこうと志すことであります。

「人物学」覚え書き

以上の安岡先生の「人物学」によって、私自身、実生活上でどれほど助けられたかわかりません。

昭和十七年にこの書にめぐり合って以来、四十余年、絶えず身読してまいりましたが、人生の現実にそれをどう応用すべきか、いろいろ苦心もし、工夫もしました。そうした私自身の体験から得た、私なりの「人物学覚え書き」をご参考までに略記いたします。

〔気力・活力を旺盛にするにはどうすればよいか〕

気力・気魄は宇宙の大生命が人間に乗り移ったものであり、人間にとってこれが最も重要です。これを身につけるには、理想精神を旺盛にして、志、つまり目標を持つことです。孟子が言っているように「志は気の帥《すい》なり」〈志は元気・気力の本《もと》である〉です。志を持たない者は大事を成就できません。ただし目標を定める場合、その期限を切ることが重要です。自分は若いからなんとかなる、と思っていては、歳月人を待たず、でタイミングを失してしまう。逆に、五十歳も過ぎると、たいていの人が、なるようにしかならないと諦めてしまい、今さら志など……と言うが、人間には無限の可能性があり、〝今さら〟こそが人生です。自分を限ってはならないと思います。第一、志・目標を持たない人は早く老いぼれてしまいます。

〔見識と胆識を養うにはどうすればよいか〕

知識よりも見識の方が重要であるといっても、知識がなければ、無知から見識・判断力は生まれない。同じく見識がなければ、胆識は出てこない。「知識・見識・胆識」は一対《いっつい》のものとして考えなければならない。また「真の智は人物自体から発する光でなくてはならない。自我の深層から、潜在意識から発生する自覚でなければならない」（安岡先生「知識と悟道」）。すなわち独創的でなければならない、ということである。

「胆識」は抵抗、障害を排除して目的を達成する実行力となります。ただ、がむしゃらに実行すればよいというわけではなく、抵抗、障害を無理なく乗り越えてこそ本物というもの。そのためには知識・見識をフルに働かせなければならないが、実際面では、人間関係の良し悪しが事の成否に大きく関わっている。だから仕事を人一倍やっていこうと思えば、人間関係をよくしなければならない。

〔見識はあっても気の弱い人間、度胸のない人間はどうすればよいか〕

周囲から信頼されるよう特に努めることです。人間関係のもっとも重要な核がこの「信頼」であり、信頼されれば人的障害はなくなります。もう一つ、胆力を養うにはなによりも場数を踏んでトレーニングを積むことです。

私はつねづね「天地と我と同根、万物我と一体、自他一如、天下無敵」をモットーとしております。

〔器量は生まれつきなのか〕

器の大きさは、その人の志〈理想〉に比例するものです。普通の人でも大志に向かって努力すれば、それに応じて器量が大きくなってゆきます。

〔日常〝喜神を含む〟ための心がまえは何か〕

まず、このすばらしい人生を〝生かされて生きる〟皆と共に生活できる――これを喜ぶことが大事です。こういうことを心底から感ずることが出来れば、おのずから風貌が変わってきます。実際、喜びながら艱難辛苦に向かい、喜びながら苦労する――こういうことも喜神を含んでおると平気でやれます。人生に無駄なし。万事に感謝し、人に喜びを与えることが最高です。

以上を総括して、人生は信頼〈人間関係〉と実行の問題であり、我々の日々は、情熱と独創と実行の継続でなければならない、と私は考えております。安岡先生からいくら学んでも「実行するは我にあり」で、実行できなければ何にもなりません。

「人物学」を学び実践する目的は何かと言えば、それは冒頭にお話ししたように「人生を楽しみ、喜ぶ」ためです。それは単に、仕事がうまくゆくから、幸福になるから、ということのためだけではありません。人間が大きくなり人物が出来てくるにつれて、何よりも自身の心に大きな自由（余裕もその一部）が生まれます。これは何事にも代えがたい境地です。

喜神を含んで、日々周囲の人々に喜びを与えながら人物学を実践してゆくと、それが自ずから外に現れて否応なく人の認識に上《のぼ》ります。この時に人物というものが決まるのであります。「あれは人物である」「あれは人物が出来ておる」というようなことが自然に言われるようになります。

人物が出来るということは、すばらしいことであります。

（関西師友協会副会長）

安岡先生の講義ぶり

本書に収録されている「大学」と「小学」は、いずれも全国師道研修会でなされた安岡先生の講義録である。師友会の研修会はおおむね三泊四日の日程で行なわれ、先生は毎日二時間ずつ四回にわたって講義される習わしであった。

初日には、テキストに使用される古典の著者と時代背景から説き起こし、その現代的意義について概説されるのを常とした。それには内外の情勢や当面の時務に言及されることも多く、それだけで初日の二時間はアッという間に過ぎてしまう。時として、この序論の部分が第二回、第三回に食い込むこともあった。勢いテキストの章句について講義を進める頃には、残りの時間がたりなくなることが多く、したがってテキストの全編を最後まで詳説し終えることは稀であった。

多くの場合、先生は四回の講義の前半に、テキストに盛られた古典の根本精神、その大眼目ともいうべきところを重点的に力説される。東洋思想の重要な専門用語や主題に関連するキーワードについては古今東西の学説を縦横に駆使して博引旁証いたらざるなく、諄々として誨《おし》えて倦まざる概があった。その万里の長江を髣髴させる講義の間に、時として興味ある問題にぶつかると〝遊講〟をされる。その遊講がまた楽しい。聴講者もその話に魅せられて、いつの間にか予定の時間が過ぎ去ってしまう。先生自身が言っておられるように「学問も講義も道楽にやらんといけない。興に乗じて講じ、興に乗じて已《や》む。何ぞ必ずしも全篇を講ぜんや」といった情況に立ち至ることがしばしばであった。

本書に収録した講義もその例に洩れず、「大学」も「小学」も、肝腎要《かなめ》の根本精神を徹底して解説されたあとは、テキスト後半の一々の章句については文字の解釈などは自明のこととして、一瀉千里に読み終えておられる。とくに時間切れとなった後半になるにしたがって、正に破墨一掃の感がある。

根本精神さえ呑み込めば、あとの部分は聴講者・読者の自学自習により理解されるものであり、それはそれでよいわけである。が、今回単行本として世に問うに当たって、プレジデント社の多田敏雄氏から、読者、とくに若い読者層のために、読むだけで済まされた箇所については逐語訳をつけて欲しいという要望がだされたので、そういった箇所については拙訳を挿入することにした。本文より三字下げて、若干小さな文字で《 》の中に入れた部分がそれである。なお安岡先生の講義のうち口語訳に相当する部分は、本文中に《 》を挿入して明示した。

巻末の「古本大学講義」は昭和七年十月、岡山県の閑谷《しずたに》学校において、池田光政と熊沢蕃山《ばんざん》の遺風を顕彰し、斯道《しどう》振興のために創立された岡山聖学会の発会式における記念講演である。閑谷学校は備前藩主・池田光政が開創し、明治の初年に蕃山の学風を慕って山田方谷《ほうこく》が再興し、自ら督学となって『大学』『中庸』『孟子』『資治通鑑綱目』などを講じた由緒ある旧藩校である。蕃山も方谷も、共に安岡先生の好きな哲人政治家で、著書に講義にしばしば言及しておられるが、それだけにこの両先賢にゆかりの閑谷学校で行なわれた講義は、とりわけ感激と情熱が感ぜられる。時に先生三十五歳、円熟し老成した晩年の講義とは一味ちがって、ところどころ鋒鋩《ほうぼう》が露われ、思わず膝を叩いて感じいるところがある。本書の刊行にあたり、所感の一端を誌して参考に供する次第である。

瓠堂会世話人・元全国師友協会事務局長　山口勝朗

※この作品は一九八八年一二月に刊行されたものを新装版化しました。
著者の表現を尊重し、オリジナルのまま掲載しております。

カバー・表紙写真: ©ANP - Fotolia.com

［著者紹介］

安岡正篤（やすおか まさひろ）

明治31年（1898）、大阪市生まれ。
大阪府立四條畷中学、第一高等学校を経て、
大正11年、東京帝国大学法学部政治学科卒業。
東洋政治哲学・人物学の権威。
既に二十代後半から陽明学者として
政財界、陸海軍関係者に広く知られ、
昭和2年に㈶金雞学院、同6年に日本農士学校を創立、
東洋思想の研究と後進の育成に従事。
戦後、昭和24年に師友会を設立、
政財界リーダーの啓発・教化につとめ
歴代首相より諮問を受く。58年12月逝去。

〈主要著書〉「支那思想及び人物講話」（大正10年）、
「王陽明研究」（同11）、「日本精神の研究」（同13）、
「東洋倫理概論」「東洋政治哲学」「童心残筆」
「漢詩読本」「経世瑣言」「世界の旅」「老荘思想」
「政治家と実践哲学」「新編百朝集」「易学入門」

〈講義・講演録〉「朝の論語」「活学1～3」「東洋思想十講」
「三国志と人間学」「運命を創る」「運命を開く」ほか。

［新装版《しんそうばん》］安岡正篤《やすおかまさひろ》 人間学講話《にんげんがくこうわ》

人物《じんぶつ》を創《つく》る

二〇一五年 四 月二七日 第一刷発行
二〇二四年一〇月 五 日 第二刷発行

著者 安岡正篤
発行者 鈴木勝彦
発行所 株式会社プレジデント社
〒一〇二-八六四一
東京都千代田区平河町二-一六-一
平河町森タワー一三階
https://www.president.co.jp/
https://presidentstore.jp/
電話 編集 〇三-三二三七-三七三二
販売 〇三-三二三七-三七三一

装丁 岡 孝治
編集 桂木栄一
販売 高橋 徹 川井田美景
制作 関 結香
印刷・製本 中央精版印刷株式会社

落丁・乱丁本はおとりかえいたします。

ISBN 978-4-8334-2128-7 Printed in Japan